대한민국이
'아프다!'

대한민국이 '아프다!'

김문수 지음

생각하는 갈대

대한민국이 아프다

초판 2쇄 발행	2024년 11월 25일
초판 1쇄 발행	2024년 11월 15일
지은이	김문수
펴낸이	김문수
펴낸곳	생각하는 갈대
우편번호	22376
주소	인천광역시 중구 신도시 남로 15, 104동 506호
전화	02-6953-0442
팩스	02-6455-5795
이메일	moonsu44@hanmail.net
출판등록	제2023-000027호
ISBN	979-11-985509-2-7 03330

■ 서문(Prologue) ■

올바른 역사 인식으로 대한민국을 보자!

'세계를 자기 속에 지니고 있느냐, 아니면 그것을 알기도 하느냐? 이것은 큰 차이가 있지. 그러나 '인식'의 불꽃이 희미하게 시작될 때 그는 비로소 인간이 되지!'

〈헤르만 헤세, '데미안'에서〉

이승만 대통령은 누가 뭐래도 자유민주주의 대한민국을 세운 건국의 아버지이다. 그 당시 우리 남한은 세계에서 가장 못사는 최빈국이었다. 하지만 대한민국은 미국과 서방을 중심으로 자유시장경제와 자유민주주의 이념, 그리고 기독교 입국론이라는 '자유'에 기반한 건강한 국가로 출발했다.

그러나 북한은 소련 앞잡이 김일성이 '자유'가 없는 인민민주주의공화국을 세웠다. 당시 북한은 1인당 GNP가 240달러로 남한의 79달러보다 무려 3배나 더 잘사는 나라였다. 육체는 건강했지만, 하나님을 배역한 정신으로 병든 공산주의 김일성 집단은 서서히 몰락으로 나아갔다. 1948년 8월 15일 건국 후 76년이 지난 지금 대한민국은 하나님께 축복받은 나라요, 북한은 최빈국 목불인견의 비인권 국가로 전락했다.

　어느 나라 국민이든 '역사 인식'이 결여된 국가는 반드시 패망의 길을 걸었다. 특히 1970년대 베트남이 그랬다. 지금 우리 대한민국도 마찬가지다. 지난 5,000년 역사에서 어느 시대, 어떤 질병보다 가혹하고 치명적인 '간첩 바이러스'에 감염돼 있다. 더 심각한 문제는 국민 대다수가 이 악질적인 사상 바이러스가 만연하면서 자유민주주의 대한민국을 파괴하고 있다는 이 처절한 현실을 전혀 인식하지 못하고 있다는 것이다.

　대한민국은 지금 '**교육계**(전교조)', '**법조계**(민변과 우리법연구회, 국제인권법연구회)', '**언론계**(언론노조, 민언련)', '**노동계**(민주노총, 한국노총)', '**종교계**(민중교회, 노동교회, 기독교 환경단체, 기독교 언론기관, 각 교단총회 교육기관)', '**시민단체**(참여연대, 경실련)', 그리고 '**입법부·사법부·행정부**'에 이르기까지 북한 당국이 선전 선동으로 퍼뜨린 악질 '바이러스'에 오염돼 신음하고 있다.

문재인 때 '대한민국은 깊이 병들었다!'

무엇보다 문재인 정부 시절은 청와대 수뇌부는 물론이고 각 부처와 국정원, 대법원과 검찰 등 주요 국가기관이 대부분 종북 주사파에 장악됐다. 그 결과, 문재인 정부는 탄핵으로 박근혜 대통령을 구속한 뒤 조폭 같은 검찰을 앞세워 적폐몰이를 했다. 주요 인사 900여 명을 적법한 절차도 무시한 채 강제수사하듯 하여 전직 두 대통령과 대법원장, 국정원장, 장·차관, 군 장성, 그리고 이재용 재계 총수까지 무려 200여 명을 중범죄자로 몰아 구속했다. 유사 이래 이 같은 사례는 왕조시대에서조차도 경험하기 어려운 악행이었다.

특히 황교안·민경욱 전 두 의원이 부르짖고 있는 2020년 '4·15 **부정**선거'로 국회까지 장악한 문재인은 노골적으로 종북 행위를 일삼으며 자유민주주의 대한민국을 본격적으로 파괴하기 시작한다. 문재인은 북한을 주적 표현에서 빼는 반헌법적 태도를 보이며, 김정은과 김여정의 비위는 잘 맞추어주는 꼴사나운 주접을 떨었다. 북한 김정은에게 조금이라도 더 퍼주고 유리하게 하려고 외교라는 명목으로 세계를 날아다니면서 구걸하다 부끄러운 비웃음을 샀다.

〈2017년 12월 14일 중국 경호원 10여 명이 베이징에서 열린 '한·중 경제무역 파트너십 개막식' 때 문재인 대통령을 취재 중인 한국 사진기자를 폭행하고 있다.〉

문재인은 '중국은 태산, 대한민국은 동산'이라 지칭하며 대국에 굴종적 자세를 취했다. 그는 2017년 방중 기간 10끼 식사 중 8끼를 혼밥(혼자 밥먹기)하며 중공의 수괴인 시진핑에게 머리를 조아리는 비굴함을 보였다. 무엇보다 중국 방문 당시 공안의 지휘를 받는 보안요원들이 대통령을 수행 취재하던 한국 기자를 무자비하게 집단 폭행했다. 세계적으로 유례없는 언론 탄압 사건이 벌어졌는데도 입도 벙긋 못하는 저열한 태도를 보였다.

그러나 동맹인 미국과 우방인 일본과는 온갖 이간질로 갈라치기에 골몰했다. 일본과는 '지소미아(군사정보보호협정)'를 파괴하고, '9·19 남북군사합의'로 미군 정찰기가 휴전선 근방에 뜨지 못해 북한 정보 취득을 불가능하게 만들었다. 특히 트럼프와는 미군 주둔 방위비와 한미 군사훈련 문제로 갈등을 부추겨 한미동맹을 약화하는 등 자유민주주의 대한민국을 좀먹고 국방을 훼손하는 행위를 일삼았다.

트럼프 행정부는 평소 문재인 정부의 노골적인 친북 행위에 매우 분노하고 있었다. 트럼프가 한미 군사 훈련을 중단한 것도 문재인 정부를 통해 북한 당국이 남한의 모든 한미연합훈련 정보를 사전에 알고 있다는 것을 파악하고 있었기 때문이다. 따라서 트럼프 대통령이 문재인 정부에 방위비를 문제삼으며 미군 철수까지도 거론한 것이다.

문재인은 국가 주요 기밀이 담긴 USB를 직접 김정은에게 넘겨주는 이적행위를 서슴지 않았다. 국가 기간산업인 원전산업을 파괴하기 위해 멀쩡한 월성원전 1호기를 2020년 10월에 80년간 사용가능한 원전을 조기 폐쇄했다. 그는 이를 위해 원전의 경제성을 조작했다. 월성원전 1호기 가동을 즉시 중단하기 위해 계속 가동의 경제성을 불합리하게 낮게 평가하는 범죄행위를 저질렀다.

간첩이 점령한 대한민국 '적화되지 않은 건 기적'

그런데도 대한민국이 북괴 김정은 정권으로 넘어가지 않고 지금까지 간신히 버티고 있는 것은 한마디로 **'기적'**이다. 이는 바로 2019년 초여름에 광화문 광장에서 불기 시작한 '애국 운동'에서 비롯됐다. 마치 따뜻하게 데워지고 있는 냄비 속으로 뛰어든 개구리처럼, 악질적인 '간첩 바이러스'에 감염돼 죽어가는 줄도 모르고 살아가는 가여운 국민을 깨우기 시작한 것이 바로 **'광화문 애국 운동'**이다. 이 운동은 대한민국 '청사'에 길이 남을 것이다.

문재인이 적폐몰이로 대한민국의 우파 주요 인사를 대거 구속하자, 고무된 이해찬은 '더불어민주당의 50년 집권'을 자신하면서 교만을 떨었다. 서슬 퍼런 문재인이 하늘 높은 줄 모르고 날뛸 때, 자유민주주의 대한민국을 구하기 위해 우파 기독교인들이 **'성령의 바람'**을 타고 분연히 일어나 목숨을 담보한 애국 운동을 주도한 것이다.

이후 광화문 애국 세력의 노력으로 우여곡절 끝에 윤석열 정부가 탄생한다. 당시 종북 주사파가 설쳐대는 엄혹한 정치 상황으로 보면 가히 **'기적'**이라고 할 밖에는 달리 표현하기가 어렵다.

역사에 가정은 없다. 하지만 문재인에 이어 우파 윤석열 정부가 탄생하지 않고 종북 좌파 이재명이 대통령이 되었더라면 우리는 지금 어떤 삶을 살고 있을까? 상상하기조차 끔찍한 일들이 벌어지고 있을 것이다. 시나리오 #1. 북한 김정은의 선언처럼 완전한 적화로 2,000만 명이 숙청당하게 된다. 시나리오 #2. 뒤늦게 깨달은 국민이 일어나 자유민주주의 대한민국을 지키기 위해 종북 주사파 세력과 피비린내 나는 내전을 벌이면서 적어도 수십만 명이 죽어 나가는 섬뜩한 일들이 벌어지고 있을 것이다. 이는 윤석열 대통령이 2022년 8·15 광복절 기념사에서 "내가 정권을 잡고 보니 만약 정권이 (교체되지 않고 좌파로) 넘어갔다고 생각하면 그야말로 아찔하다"라는 그 한마디에서 우리가 예상하는 그 끔찍하고 참혹한 일들을 충분히 읽어낼 수 있다. 그런데 지금 윤석열 정부가 들어섰다고 해서 모든 일들이 해결된 것은 아니다. 북괴 김일성-김정일-김정은 삼대 세습에 걸쳐 백두혈통을 추종하는 남한의 종북 주사파가 여전히 건재하다.

그러나 하늘의 도움으로 김정은과 함께 북한이 종말로 치닫고 있다. 이제 기댈 곳 없는 종북 세력은 살기 위해 몸부림치고 있다. 주요 국가기관과 국회까지 장악한 이재명은 이성을 잃고 윤 대통령을 탄핵으로 압박하며 최후 발악을 하고 있다.

실제로 대한민국은 지금 역사에 유례없는 '간첩 바이러스'로 나라의 근간이 허물어지고 있다. 이는 1940년대 **'해방공간'** 때보다 곧 현실로 다가올 남북통일을 향한 현재의 **'통일공간'**이 더욱 위험하다. 종북 주사파가 퍼뜨린 악질 바이러스에 걸린 우리의 현실을 인식하지 못하면 어제의 '끔찍한 상상'이 내일의 '참혹한 현실'이 될 수 있다. 자유민주주의 대한민국을 원하는 국민은 당장 대한민국의 실상을 바르게 인식해야 한다.

현재 대한민국을 이끄는 대표적인 정치지도자는 윤석열 대통령과 더불어민주당 이재명 대표, 그리고 국민의힘당 한동훈 대표이다. **'유진인 이후 유진지(有眞人 而後 有眞知,** 참된 사람이 된 후에야 참된 지식을 가질 수 있다)'라는 장자의 말을 원용하면, 우리 대한민국이 처한 현실과 미래를 바르게 인식하는 참된 지도자라야 참된 자유민주주의를 지킬 수 있다. 아픈 대한민국의 운명은 이들 정치지도자의 어깨에 걸려 있다. 우리는 세 지도자의 정체성을 자세히 분석해 이들이 어떤 세계관과 역사관으로 현실을 인식하는지를 알아야 한다. 올바른 지도자를 선택하고 지지해야 〈아픈 대한민국〉을 치료할 수 있기 때문이다.

■ 차례 ■

1장 윤석열 한국 다시 세우다!

2장 한동훈의 정체를 말한다!

3장 이재명은 어떤 자인가?

4장 자유통일과 찬란한 미래!

1장
윤석열 한국 다시 세우다

구수 검사 윤석열, 구수한 인간미가 있다.
아버지는 제자들의 존경을 받았다.
우리 경제에 불모지였던 소득과 부의 분배,
불평등 분야에 한 획을 그었다.
윤석열의 '아버지는 학자였고, 원칙주의자였다.'
윤석열의 강골 기질은 아버지를 닮았다.
검찰에서 동고동락하며 검사의 길을 걸어온
한동훈의 '아버지는 악덕 기업주로 소문났다.'
둘이 검사로는 닮았다. 정치 DNA는 너무 다르다.
의식은 밥상머리서 싹트나 보다.

늦깎이 구수 검사
윤석열의 인생 역정

어린 시절과 성장 배경

윤석열은 아버지 윤기중 씨와 어머니 최성자 씨 사이에서 1960년 12월 28일 태어났다. 아래로는 여동생(윤신원)이 있다. 윤석열의 부친 윤기중 교수는 1931년 충청남도 논산군 노성면 죽림리에서 출생했다. 윤기중 교수의 위 세대는 대사헌을 지낸 윤문거(1606~1672)의 직계로 상당히 뼈대 있는 집안으로 꼽힌다.

아버지는 경제학자로 연세대학교 응용통계학 교수를 역임했다. 2023년 8월 15일 향년 91세로 아들이 대통령 재임 중에 작고했다. 대한민국에서 재임 중에 부모가 생존한 유일한 대통령이다.

윤석열은 대광초등학교를 졸업하고 중랑중학교에 다니다가 2학년 말에 충암중학교로 전학했다. 1979년 충암고등학교를 졸업하고 서울대학 법학과에 입학했다.

아버지 윤기중 교수의 일화!

윤기중 교수 하관식에서는 자신의 저서 『한국경제의 불평등 분석』과 역서 『페티의 경제학』이 봉헌됐다. 대통령실 관계자는 1997년 발간된 『한국경제의 불평등 분석』에 대해 '대한민국 학계에서 불모지나 다름없던 '소득과 부의 분배, 불평등' 분야에 한 획을 그은 연구 결과로 학계에서 인정받은 저서'라고 소개했다.

무엇보다 아버지 윤기중 교수에 관한 일화가 이목을 끌고 있다. 윤기중 교수는 개인적으로도 원리 원칙적이었고 가정적으로도 굉장히 엄격한 성격과 관련한 일화들이 많다. 윤기중 교수의 제자들은 "젊은 시절 교수님의 집에 가면 그분의 원리 원칙적인 성격을 보여주는 것처럼 집 안이 깔끔하게 정리 정돈이 되어 있었다."라고 회고한다.

김인규 한림대 교수는 "윤기중 교수가 임용될 때는 석사학위만으로도 교수를 할 수 있었던 시절이었다. 그 당시 구제박사(논문

박사) 제도가 있었다. 따라서 간단한 논문만 쓰면 학위를 주는 식이었다. 너나 없이 이를 통해 박사학위를 받았다. 하지만 윤기중 교수는 거부했다. '그런 식으로 학위를 받는 게 무슨 소용이냐?'라는 것이다. 이런 기질을 아들(석열)이 물려받지 않았나 싶다"라고 일화를 소개했다.

아들 윤석열(대통령 후보 신분 당시)은 KBS 2TV 퀴즈프로그램 옥탑방의 문제아들에 출연해 인터뷰에서 "대학생 때까지 아버지에게 고무호스로 맞으면서 자랐다"라고 어린 시절을 회상했다. 또 윤기중 교수는 아들 석열이 검사가 되자 '부정한 돈 받지 말라'고 입버릇처럼 되뇌었다고 한다.

한때 아들 석열이 검사직을 그만두고 대형 로펌인 '법무법인 태평양'에서 근무한 적이 있다. 그러나 변호사 생활에 적응하지 못하고 다시 검찰로 돌아갔을 때 가장 반가워한 분이 바로 윤기중 교수였다. 아버지는 아들 석열에게 "너는 검사 때려치우면 변호사 하지 말고 식당 해라"고 이야기한 적이 있다고 한다.

따뜻한 품성을 가진 윤기중 교수는 연말연시에는 제자들에게 직접 연하장을 보냈다. 학위를 받고 온 제자에게는 꼭 식사 자리를 마련해줬다. 제자들이 스승의 날을 맞아 식사 대접을 해도 윤

교수는 늘 식대를 본인이 직접 계산했다. 본인은 이런 모습에 대해 "젊을 때 제자들은 챙기면서 집사람은 잘 챙겨주지 못했다. 그래서 마음이 아프다"라고 회고한 것으로 알려졌다.

또 아들 석열이 고등학교를 졸업하고 성인이 되자 아들과 아들 친구들을 자택으로 불러서 술을 마시는 예절, '주법'을 직접 가르쳤다고 한다. 그는 아들이 대통령에 당선되자 자신이 거주하는 아파트 이웃 주민이 현관문 앞에 축하 화환과 현수막을 걸어두고 갔다. 그러자 윤기중 교수는 "따뜻한 마음 감사드려요. 가까이에 저희를 아껴주시는 이웃이 있다는 게 자랑스럽습니다. 감사합니다. 잊지 않겠어요."라는 문자로 고마움을 표시했다.

그는 평소 자녀들이 결혼하든 하지 않든 크게 연연하지 않았다고 한다. 특히 검사 생활로 바쁜 아들 석열에게는 적극적으로 결혼을 하라고 닦달하지도 않았다. 그래서 윤석열은 52세에 결혼했다. 자녀가 없어서 아버지 윤기중 교수는 친손은 보지 못하고 세상을 떠났다.

우리나라 대통령 부모님 중 생전에 본인의 자녀가 대통령에 당선되는 것을 지켜본 분은 모두 7명이다. 이들은 **윤보선** 어머니, **최규하** 어머니, **노태우** 어머니, **김영삼** 아버지, **문재인** 어머니, **윤석**

열 아버지와 어머니이다. 이들 전·현직 대통령 중에서 직접 자녀의 대통령 당선을 지켜본 사람은 윤석열 대통령의 부모가 유일하다.

아버지를 닮은 원리원칙주의

윤석열은 대학 재학 중인 1980년 5·18 광주민주화운동 유혈 진압과 관련한 모의재판에서 검사로 출연해 대통령 전두환에게 무기징역을 구형했다. 이 모의재판 이야기가 교내외로 퍼지면서 한동안 강원도로 피신하기도 했다. 이미 그는 법대 시절부터 특수부 검사의 기질을 타고났던 것으로 보인다.

1980년과 1981년 두 차례 병역 검사를 연기했다가, 1982년 양쪽 눈의 시력 차가 큰 부동시로 병역 면제인 전시근로역 처분을 받았다. 부동시로 인해 그는 운전면허를 취득하지 못한다. 평소 술을 즐기는 스타일이지만 그 덕분에 음주운전의 전과는 없다.

윤석열은 생의 절반 가까이 검사로 살았다. 유복한 청년 석열에게 검사로서의 첫 관문인 사법시험은 인내의 가치를 가르쳐 준 스승인 셈이다. 9년이란 기나긴 사시 문턱을 넘은 건 1991년. 이는 무려 아홉 차례의 도전 끝에 서른(31세)을 넘긴 늦깎이의 검사가 된다. 8번의 낙방을 곱씹으며 체득한, 버티는 힘은 이후 검사 윤석열의 시간을 지배하게 한다.

어떤 외압이 들어와도, 그래서 나락으로 떨어져도 소신과 뚝심을 앞세워 수사를 밀고 나갔다. 누구는 이를 **'집착'**이라고 비판한다. 국민의힘 대선후보 경선에서 맞붙은 홍준표는 "윤석열 후보는 사시를 9번 도전할 정도로 권력 집착이 강하다"고 평했다. 좋게 해석하면 아무리 궁지에 몰려도 일단 목표가 서면 포기를 모른다는 의미로 해석된다.

윤석열 자신도 "사시 9수를 해서 '인내'에는 웬만큼 자신 있다"라는 말을 종종 했다고 한다. 그리고 그 인내는 대통령 윤석열을 만든 밑바닥 자양분이었다. 그리고 대통령이 된 지금 그 자양분으로 〈아픈 대한민국〉을 외롭게 지키면서 간신히 버티어나가고 있다. 참으로 안타깝다! 하지만 시간은 윤석열 대통령의 편이라는 걸 자유민주주의 대한민국을 사랑하는 사람들은 믿고 있다.

특수통 강골 검사
윤석열의 '빛과 그림자'

주로 검찰 특수부에서 일한 '강골 검사 윤석열'

검사 출발은 많이 늦었다. 하지만 서울중앙지검 특수1부장, 대검 중수2과장, 대검 중수1과장 등 요직을 두루 거쳤다. 그 사이 그에게는 권력형 비리를 뿌리까지 파헤치는 '대표 특수통' 검사란 별명이 붙는다. 노무현 전 대통령의 측근 안희정 전 충남지사와 강금원 창신섬유 회장, 정몽구 현대자동차 명예회장, 이명박 전 대통령의 형 이상득 전 의원 등 여러 거물 인사들이 윤석열의 손을 거쳐 법의 심판을 받았다.

특히 수원지방검찰청 여주지청장으로 근무 중이던 2013년 4월부터 국가정보원 여론조작 사건 특별수사팀장으로 활동한다. 그는 박근혜 정부 검찰 수뇌부의 반대에도 불구하고 국정원 압수수색을 단행한다. 그리고 국정원 직원을 체포한다. 특별수사팀은 원세훈 전 국정원장에게 공직선거법 위반과 국가정보원법 위반 혐의를 적용했다.

여기까지 거침없이 질주하던 윤석열의 시계는 2013년에 멈춘다. '국가정보원 댓글 사건' 수사팀장을 맡아 박근혜 정부의 심장부를 향해 칼을 겨눈다. 주변에선 걱정이 쏟아졌다. 그때마다 윤석열은 "정의로운 검찰 조직이 내 뒤에 있으니 걱정하지 말라"고 말했다. 조직을 철석같이 믿었다. 하지만 돌아온 건 2014년 2월 검찰 인사에서 대구지방 고등검찰청 검사로의 좌천이었다.

윤석열은 '항명 파동'의 중심에 서 있었다. 이후 대구와 대전 등 수사권 없는 지방 고등검찰청을 전전하는 유랑 검사 생활을 감내해야 했다. 어쩌면 지난날 지루했던 9수 낭인 시절보다 더 견디기가 어려웠을는지도 모른다. 특수통 검사로 잔뼈가 굵었다. 그 뼈대에는 '인대(인내)'와 '힘줄(고집)'이 얽혀 만든 강골 검사였기에 그의 힘겨움에 상상이 간다.

그리고 그해 2014년 10월 국정감사장에서 "나는 사람에게 충성하지 않는다"라는 답변은 오롯이 검사 윤석열 정신의 표상이 되었다. 꽤 긴 시간 '명언'으로 인구에 회자한다. 하지만 그에게는 되레 고달픈 '멍에'였다. 특수통 검사 윤석열의 추락을 재촉하는 지름길이 되었다.

문재인 특급 사냥개 박영수와 '윤석열-한동훈'

마치 멈춰버린 시계처럼 수명을 다해 가던 검사 윤석열을 살려 낸 건 문재인이다. 취임 후 그를 서울중앙지검장으로 전격 발탁한 다. 2016년 12월 국정농단 특검팀 합류가 시작이었다. 박영수 특 검 검사의 지휘 아래 윤석열은 한동훈과 손발을 맞춰가면서 탁월 한 수사 능력을 발휘한다. 멈춘 시간이 '검날'을 녹슬게 한 게 아 니라 날을 벼리는 날이었다.

박근혜 탄핵을 끌어낸 인간은 누가 뭐래도 박영수 전 특별검사 다. 지난 2017년부터 2022년까지는 온 국민의 뇌리와 가슴에 **'정 의(justice)'**의 사도로 새겨진 미증유의 스타 검사였다. 지금은 되 레 대장동 비리로 구속됐다. 이제 박영수는 감옥에서도 누구보다 귀하신 몸이다. 세상에 아이러니도 이런 아이러니는 없다.

박영수는 문재인 때 세상에 알려진 특별검사다. 한때 온 국민이 환호했다. 그런 박영수가 '정의'의 상징처럼 가짜로 포장한 화려한 겉모습 뒤로는 수산업자의 뇌물과 대장동의 구린 돈을 받아먹는 부정하고 부패한 자로 비루한 인생을 살아온 것이다. 쓰레기차에 받히니 똥차가 달려와 오물을 뿌린다더니, 결국 가장 비극적이고 아픈 역사의 한 장으로 기록될 '박근혜–문재인 시대'를 더럽힌 장본인이 박영수다. 이 자는 그야말로 희대의 사기꾼 검사다. 그리고 가장 야비한 문재인의 초특급 사냥개였다.

무엇보다 이런 천하의 사기꾼 박영수가 '조선 제일의 스타 검사'들로 특검팀을 꾸린다. 이들은 촛불혁명이라는 거대한 음모 군단의 지원을 받으면서 마치 혁명군처럼 나타나 박근혜 정부를 짓밟았다. 가련한 여인은 군홧발보다 가혹한 탄압에 짓이겨 만신창이가 된 채 권좌를 잃고 영어의 몸이 된다. 그런데 화려한 가면을 벗은 스타들은 경악스럽게도 '조선 제일의 충견들'이었다. 여기서 대한민국의 비극이 시작된다.

조선 제일의 개검들이 만든 문재인 정권은 서서히 그 본색을 드러낸다. 개검을 조종한 자들은 다름 아닌 이 나라 자유민주주의를 파괴하고 해체하려는 종북 주사파그룹이었다. 문재인은 북한 당국과 연결된 간첩이라는 정체가 서서히 드러나고 있다. 문재인의 지휘 아래 청와대 수뇌부는 물론 각 부처와 국정원, 대법원과 검찰 등 주요 국가기관이 대부분 종북 주사파에 장악된다.

박영수 특검 사단의 좌장 격인 윤석열과 검찰의 백미로 꼽히던 한동훈이 박근혜 구속에 관여했다. '박영수-윤석열-한동훈'의 화려한 검찰 사단은 '국민 검사'라는 대중적 인기도 얻었다. 특히 윤석열과 한동훈은 각각 문재인의 서울 중앙지검장과 중앙지검 3차장검사가 되면서 둘은 절묘한 궁합으로 탁월한 실력을 발휘한다. 시퍼렇게 벼린 한동훈의 칼날은 매섭게 춤을 췄다. '다스(DAS) 의혹', '사법농단 의혹' 사건 등을 수사하며 이명박 전 대통령과 양승태 전 대법원장을 구속기소 했다.

이뿐만이 아니다. 전국을 강타한 미쳐버린 촛불혁명이란 '광풍'을 등에 업고 혜성처럼 나타난 문재인의 검찰 사냥개로 변신한 것이다. 문재인의 적폐몰이의 꼭두각시 박영수 특검의 충견으로 새로운 출발을 노린다. 박영수 사단의 날 선 검은 무려 900여 명의 자유 우파 고위 인사를 수사해 200여 명을 감옥으로 보냈다. 마침내 윤석열은 2017년 5월 19일 문재인 정부에서 서울중앙지검장으로 임명된다. 윤석열의 측근으로 분류되는 한동훈은 중앙지검 3차장으로, 그리고 이두봉·박찬호 등 '특수통' 검사들도 대

검찰청으로 대거 자리를 옮긴다.

드디어 2019년 7월, 그 공로로 윤석열은 검찰의 최고 보스가 된다. 전임 문무일 총장(18기)보다 5기수 아래이며 최종 후보군 4명 중에서도 연수원 기수가 가장 낮은, 파격적인 인사였다. 서초 동에선 '격세지감'이란 말이 돌았다. 그런데 광풍에 미친 여론은 그를 '적폐 수사'와 '검찰 개혁'을 추진할 적임자라며 열렬한 박 수를 보냈다. 이는 윤석열의 속내를 읽지 못한 어리석은 환호였 다.

윤석열 '나는 자유민주주의자–문재인과 다르다!'

윤석열은 검찰총장 취임식에서 "이제는 자유민주주의와 시장경 제 질서의 본질을 지키는 데 역량을 더 집중해야 한다"라고 강조 한다. 그러면서 "자유시장경제와 형사법 집행 문제에 관해 고민 해 왔다. 시장경제와 가격기구(價格機構), 자유로운 기업활동이 인류의 번영과 행복을 증진해 왔고, 이는 역사적으로도 증명된 사실이라는 강한 믿음을 가지고 있다"라고 천명한다.

급기야 대검찰청 대변인실은 "신임 윤석열 총장은 시카고학파 의 밀턴 프리드먼과 1947년 스위스에서 자유주의 학자 모임 '몽펠

르랭소사이어티'를 결성해 자유주의 가치를 지키고 확산하는 데 힘을 쏟은 오스트리아학파 경제학자인 루트비히 폰 미제스의 사상에 공감하고 있다"라고 궁색한 변명을 내놓는다.

당시 윤석열 총장의 취임사 골자인 '자유민주주의와 시장경제 질서'의 본질을 지키자는 대목은 대검찰청 대변인실 변명보다 아버지 윤기중 교수의 영향을 받은 것으로 볼 수 있다. 게다가 윤석열의 사상적 정체성은 이승만 대통령의 자유민주주의 대한민국의 건국 이념과 맥락이 깊이 닿아 있다는 것을 알게 하는 대목이다.

또 윤석열 총장은 "국민으로부터 부여받은 검찰의 권한이 사익이나 특정 세력이 아닌, 오로지 국민을 위해서만 쓰여야 한다"라면서 "권력기관의 정치 개입이나 시장 교란 반칙행위 등 정치, 경제 분야의 공정한 경쟁 질서를 무너뜨리는 범죄에 대해서 단호히 대응하겠다"라고 밝혔다. 이는 좌파 문재인 정권에는 정면으로 한 방을 먹인 셈이다.

이날 윤석열 총장의 취임사는 문재인 좌파 정부 인사들에게는 화들짝 놀랄만한 일대 충격적인 사건이었다. 이미 적폐몰이로 다 잡은 고기를 놓치는 건 아닐까? 그러나 문재인 정부의 최고위 권력자들은 노심초사하지 않았다. 그리고 속내를 드러내지 않고 조용히 지켜만 보고 있었다. 그들만이 믿는 구석이 따로 있었기 때문이다. 그렇다면 문재인 일당이 믿는 바는 무엇일까 궁금해진다.

이들에게는 윤석열을 '골'로 보낼 수 있는 비장의 카드가 있다. 다름 아닌 '문재인식 검찰 개혁'이다. 따라서 문재인의 권력자들이 꿈꾸는 '검찰 개혁'이 완성되면 제아무리 검찰을 손아귀에 쥐고 있는 천하의 윤석열이라 해도 이제는 덫에 걸린 호랑이와 다를 바 없기 때문이다. 그리고 문재인식 검찰 개혁이 곧 문재인과 윤석열의 운명을 가르는 '용쟁호투(龍爭虎鬪)'의 지렛대가 된다.

문재인 '검찰 개혁'에 반기 든 '윤석열'

문재인 정권은 **'물으라 하면 물고, 덮으라 하면 덮어온 적폐몰이 충견'**들을 호되게 부려 먹었다. 그리고 '검찰 개혁'이라는 명목으로 권력의 주구들을 토사구팽하려는, 검찰을 완전 반신불수로 만들려는 거대한 음모를 꾸미고 있었다. 그 와중에 2019년 6월 17일 문재인은 윤석열 중앙지검장을 49대 검찰총장 후보로 지명한다.

이때까지만 해도 문재인 정부의 권력자들은 윤석열이 그동안 충견 노릇을 해왔으므로, 윤석열의 DNA가 골수 우파라는 것을 전혀 눈치채지 못한다. 조국이 민정수석이던 시절(2017년 5

월~2019년 10월), 그마저도 문재인이 지명한 윤석열을 자세히 검토하지 않고, 임명에 동의하면서 2019년 7월 1일 검찰총장으로 임명된다.

마침내 윤석열은 2019년 7월 25일 검찰총장 취임식에서 자신의 정체가 우파임을 드러낸다. 그는 취임사에서 "이제는 자유민주주의와 시장경제 질서의 본질을 지키는 데 역량을 더 집중시켜야 한다"라고 강조한 것이다. 대검찰청 대변인실의 해명으로 문재인 정부는 이를 문제 삼지 않았다. 검찰 개혁으로 곧 무력화될 일개 검찰총장의 발언은 문제 삼을 일말의 가치도 없다고 생각한 것이다.

이미 문재인 정부는 정권출범 전부터 '검찰 개혁'을 대선 공약으로 제시했다. 그리고 정권 초기에 국정과제로서 검찰 개혁을 거론했다. 이를 위해 '고위공직자 범죄수사처(공수처)', '검경수사권조정', '중대범죄 수사청' 신설 등이 추진되고 있었다. 최종적으로 검찰청을 해체하여 검찰수사권의 '완전박탈(검수완박)'을 이뤄 내 기소만 전담하는 '공소청(국가시소청)'으로 격하할 목표를 갖고 있었다. 이는 더불어민주당이 계속 정권을 거머쥐고 검찰을 무력화한 뒤 권력을 마음대로 주무르겠다는 공작이었다.

문재인은 노무현 시절에 민정수석으로서 이미 검찰 개혁의 실패를 두 눈으로 지켜봤다. 그 당시 노무현은 검찰과 싸우면서 "이쯤 되면 막 하자는 거지요?"라는 거친 말을 쏟아냈다. 이것이 2003년 '검사들과의 대화'에서 노무현 전 대통령이 실제로 한 말이다. 참석한 검사들은 대통령과 법무부 장관의 검찰 개혁 시도에 대해 노골적인 불만을 드러내며 저항했다. 일부 검사는 노무현에게 '인신 공격성' 발언을 퍼붓기도 했다.

문재인은 당시 노무현의 민정수석 자격으로 '대화'를 지켜본 자다. 따라서 그는 자서전 〈운명〉에서 10인의 검사들의 태도를 '목불인견(目不忍見)'으로 표현하며 "선배 법조인으로서 부끄러웠다"라고 썼다. 문재인이 밝힌 새 정부 첫 번째 과제는 '검찰 개혁'인데, 노무현 정부의 검찰 개혁 실패를 민정수석과 비서실장 자격으로 생생히 지켜본 학습경험이 있기 때문에 이번에는 나름대로 철저한 대비책을 마련한 것이다.

문재인이 임명한 검찰총장 '윤석열의 반기'

그러나 문재인 정권출범 초기에는 윤석열과 한동훈 등이 문재인 정권의 비위를 맞춰가면서 권력의 개노릇을 톡톡히 했다. 하지만 검찰 내부에는 문재인의 또 다른 직속 라인이 있었다. 이를테면 문재인의 경희대 법대 후배인 이성윤과 전남 영광 출신의 김오수 같은 자들이다. 그런데 검찰 전체 라인은 여전히 윤석열과 한동훈이 관련한 조직이 주류를 이루고 있었다. 마침내 이들이 문재인 정권의 '검찰 개혁'에 적극 반기를 든다.

당시 검찰 개혁에 반대한 한동훈의 말을 들어보자. 한동훈은 "유시민씨와 같은 권력의 실세들은 검찰 개혁을 '물으라 하면 물고, 덮으라 하면 덮는 식의 개혁'을 말한다"라고 지적한 것이다. 이는 실제로 한동훈도 당시 권력 실세들이 물으라 하면 물고 덮으라 하면 덮어주었다는 것을 암시하는 대목이다. 한동훈이 문재인 정권 초기를 자신의 27년 검찰 시절의 '화양연화'라고 말한 데는 맥락을 같이하는 함의가 있다.

검찰의 '중립성' 대(對) 검찰의 '독립성'

문재인이 2019년 8월 9일 법무부 장관에 조국 민정수석을 지명한다. 검찰 개혁 완수를 조국에게 맡긴다는 메시지가 담겼다. 청와대는 민정수석의 법무부 장관 직행에 비판적인 여론도 감수했다. 닷새 뒤, 조국 법무부 장관 후보자의 인사청문 요청안이 국회에 제출됐다. 이때부터 조국 장관 후보자 가족을 둘러싼 비리 '사모펀드, 사학비리, 자녀 대학입시, 의학전문대학원 장학금 수령' 과정의 의혹이 무더기로 불거진다. 사회적으로는 좌파 지식인의 위선, 입시 공정성 논란이 확산하는 계기가 되었다.

마침내 2019년 8월 27일 윤석열이 이끄는 검찰은 부산대·고려대·단국대 등 30여 곳을 동시 압수 수색한다. 이때 검찰은 **'독립성'**을 내세웠다. 검찰은 권력형 비리는 정권의 어떠한 간섭을 받지 않고 수사를 해야 한다는 입장이었다. 혐의가 포착되면 반드시 수사해야 한다는 특수부 검사들의 원칙도 반영됐다. 불법 의혹이 있는 공직자 일가의 자산 증식은 중대사안이라는 사회적 인식도 큰 힘이 돼 주었다. 대검이 조국 일가 사건을 서울중앙지검 형사1부에서 특수2부로 재배당한 것도 이 같은 생각이 반영된 조치였다. 청와대와 검찰의 관계는 이때부터 완전히 틀어진다.

검찰수사의 **'정당성'**을 둘러싸고 여론도 반반으로 갈라졌다. 문재인의 청와대와 여권은 검찰의 '정치적 중립 위반'을 거론했다. 유시민을 비롯한 여권 인사들은 윤석열 총장이 조국의 장관 임명을 방해하며 대통령 인사권을 침해했다고 주장했다. 검찰이 무리한 수사를 했고, 청문회 당일 조국의 부인 정경심 동양대 교수를 기습 기소했다는 지적도 이어졌다. 더불어민주당의 한 의원은 검찰의 조국 수사 책임 소재를 두고 '100 대 0'이라고도 흥분했다. 검찰수사가 전적으로 잘못됐다고 주장했다. 그러나 민심은 문재인 정권의 인사들과는 사뭇 달랐다.

그러면서 여권에서는 '노무현 트라우마'도 언급됐다. 특히 조국 측 지지자들은 "검찰이 피의사실을 흘린다"라고 주장했다. 노무현 전 대통령 수사 때도 검찰이 수사 사실을 언론에 비공식적으로 넘기는 '피의사실 공표'가 논란이 된 적이 있다. 검찰은 2011년 노무현 전 대통령 수사를 마친 뒤 "수사공보제도 개선위원회를 구성해 보완 방법을 찾고 있다"라고 설명했다.

'검찰 개혁'이라는 구호 아래, 검찰의 조국 일가 수사 도중에도 제도개선이 이뤄졌다. 대검은 앞으로 공개 소환조사를 하지 않겠다고 발표했다. 검찰수사를 받는 유력 인사들은 검찰청 포토 라인에 서지 않게 됐다. 조국은 검찰 특수부를 서울·대구·광주 3곳에만 남기는 조국표 개혁안을 발표했다.

게다가 검찰 특수부 이름도 반부패수사부로 바꿨다. 검사 파견심사위원회도 새로 만들었다. 주로 특수수사에서 검사 파견이 이뤄진 점을 감안해 구성된 위원회였다. 파견 검사가 줄어들면 들수록 검찰의 특수수사가 동력을 잃으면서 총량이 함께 줄어들 가능성이 컸다.

개천절(開天節) 포효한 민심에 '조국 낙마!'

대깨문을 등에 업은 문재인의 고집과 더불어민주당의 내로남불에 민심은 흉흉했다. 마침내 2019년 10월 3일 개천절 광화문 일대에는 엄청난 군중이 모여들었다. 주로 태극기와 성조기를 양손에 든 우파 국민이었다. 문재인의 국가파괴 행위를 알아차린 이들은 한결같이 〈문재인 하야〉와 문재인의 앞잡이 〈조국 OUT〉을 소리 높여 외쳤다. 이날 좌경화한 대한민국 언론은 이 엄청난 사건의 현장을 단 한 줄도 다루지 않았다. 역사는 뒷날 대한민국 언론의 이 부끄러운 민낯을 기록할 것이다.

2019년 10월 3일 개천절은 대한민국 청사에 길이 남을 일대 사건이었다. 촛불혁명이 '광란'이었다면 개천절이야말로 진정한 '국민혁명'이었다. 이날 문재인이 파괴하고 있는 자유민주주의 대한민국을 살리기 위해 몰려나온 수백만 인파들로 "광화문 일대를 중심으로 종로~시청~안국동~제기동~회기동~남대문시장~서울역에 이르기까지 한치의 발디딜 틈도 없었다. 당시 광화문 집회 주최측 추산으로는 500만 명이 넘었다고 주장한다. 그리고 경찰도 300만 명이 넘는 것으로 추정했다.

이 엄청난 역사적 사건을 이날 방송과 신문 등 대한민국 언론은 한 줄도 보도하지 않았다. 하지만 각종 우파 유튜브 매체들이 드론 등을 통해 이날의 역사적인 장면을 생생히 담아냈다. 이 나라 대한민국이 정상을 되찾으면 그날 유튜브 방송들이 남긴 기록물을 통해 좌경화한 언론이 얼마나 저열하고 파렴치한지를 보여줄 날이 반드시 찾아올 것이다.

조국이 우리 사회에 끼친 해악은 엄청나다!

조국은 서울대학교 법과대학 교수였다. 그 당시 문재인의 민정수석에서 법무부 장관으로 전격 발탁됐다. 조국은 '붕어 개구리 가재의 노래'로 감성팔이를 하면서 마치 성경의 '선한 목자'와도 같이 온 국민의 마음을 훔쳤다. 그리고 조국 자신이 바른말을 다 하고 있는 것처럼 위선자로 살다가 마침내 그의 진짜 모습이 장관 청문회를 통해 고스란히 드러난 것이다. 그런데 조국의 가정은 정말 가관이었다. 조국의 아들과 딸이 엄청난 비리로 명문대에 진학한 것이다. 조국은 자기의 자녀들이 제대로 된 시험 한번 치르지 않고 그 어렵다는 의과대학까지 진학하는 파렴치하고 부패한 가정의 가장이었다.

조국 아들과 딸의 부정 입학을 위해서 위조에다 오려 붙이기, 변조, 허위 작성한 서류가 도대체 몇 개인가? 조국이 아들과 딸을 위해 만든 서류 중에서 진짜 서류가 단 하나라도 있느냐? 또 조국 아버지가 주관해 온 웅동학원의 비리는 어떤가? 법률적으로 문제가 될 당시, 국가에 헌납한다고 약속했다. 조국은 아버지가 남긴 웅동학원은 수많은 비리로 얼룩져 있다. 조국 동생은 선생을 취업시키면서 뇌물을 먹고 징역을 살았다.

조국의 부인 정경심 교수도 불법으로 구속되고, 조민도 유죄를 받았다. 이게 대한민국 교수 지식인의 가정이다. 조국이 끼친 해악은 엄청나다. 10월 3일 개천절을 기점으로 온 국민적 원성이 들불처럼 일어나면서 문재인 정부는 출범 이후 처음으로 엄청난 충격을 받았다. 결국 조국은 법무부 장관 임명 35일 만에 낙마한다. '대깨문'을 등에 업은 문재인이 제 아무리 고래의 힘줄처럼 질긴 고집을 가졌다 하더라도 촛불 광풍보다 수십 배나 더 센 국민의 거룩한 분노 앞에 무릎을 꿇지 않을 수 없었다.

그토록 믿었던 조국마저 낙마하자 문재인은 **2020년 1월 2일**

'국민 밉상' 추미애를 신임 법무부 장관으로 임명한다. 검찰 개혁을 추동하기 위해 추미애는 먼저 인적 쇄신에 초점을 맞춘다. 문재인 정부 출범 직후 '우병우 라인' 검사를 쳐낼 때로 돌아간 듯했다. 추미애는 임명되자 곧바로 윤석열 총장의 대검 참모들을 대거 전보한다. 조국 수사를 총괄한 한동훈(당시 대검 반부패·강력부장)은 부산 고검 차장검사로 좌천시킨다.

추미애는 '검·언 유착' 의혹 사건의 당사자인 한동훈을 직무에서 배제한다. 그러면서 법무부가 직접 감찰에 착수했다. 한동훈과 채널A 기자가 공모해 유시민의 비위 의혹을 캐내려 했다는 것이 사건의 핵심이다. 외부 전문가로 구성된 검찰수사심의위원회는 한동훈에 대해 '수사 중단과 불기소 의견'을 냈다.

또 윤석열 총장은 검·언 유착 의혹 수사의 적정성을 묻기 위한 전문수사자문단 구성을 일방적으로 강행했다는 의혹이 제기된다. 한때 문재인 정권의 충견으로 일컬어지던 윤석열과 한동훈이 오히려 문재인 정권의 무리한 검찰 개혁의 반항아가 된 것이다. "나는 사람에게 충성하지 않는다"라는 윤석열의 명언은 다시 반전의 메아리가 돼 '국민의 마음'을 얻는다. 여태까지 우파 국민은 마뜩한 대선후보를 찾지 못해 목이 말랐다.

윤석열, 문재인과 대립에 '대선후보!'

한편 윤석열 검찰총장은 2020년 8월 신임 검사 임관식에서 "자유민주주의는 민주주의라는 허울을 쓰고 있는 독재와 전체주의를 배격하는 진짜 민주주의를 말하는 것"이라며 자유민주주의에 대한 입장을 밝힌다. 11월 24일 추미애 법무부 장관에 의해 총장 직무가 정지된다. 그러나 법원의 집행정지 인용으로 12월 1일 직무에 복귀한다. 윤석열은 문재인 정권과의 갈등으로 국민에겐 점차 의로운 사람으로 각인된다.

마침내 2020년 1월 31일 발표한 '세계일보 창간 31주년 차기 대선주자 적합도 여론조사'에서 〈새 보수·무당층 지지 업고 급부상…〉이라는 충격적인 보도가 나온다. 윤석열은 단숨에 응답자 10.8%의 지지를 얻는다. 이는 더불어민주당 이낙연 대표에 이어 2위이자, 국민의힘 황교안을 오차범위 내에서 따돌리며 우파 진영에서는 처음으로 두 자릿수의 지지율을 기록하게 된다.

이에 앞서 더불어민주당의 '흑기사' 추미애가 윤석열 총장의 직무배제·징계 청구까지 나서면서 윤석열과 문재인 정권의 갈등은 최고조에 달한다. 검찰의 법관 사찰 의혹이 주된 징계 청구의 사유였다. 세간의 관심은 온통 '추미애 vs 윤석열'에 쏠렸다. 추미애·윤석열 갈등 구도 속에서 더 논의해야 할 검찰 개혁의 세부 내용은 언급되지 않았다. 와중에 '검찰 개혁을 하겠다'라는 구호만 난무했고, 검찰 개혁의 디테일은 '윤-추 갈등' 속에 묻혀버린다.

2020년 말께 윤석열 검찰총장이 추미애 법무부 장관을 상대로 제기한 정직 2개월 징계에 대한 집행정지 신청이 인용된다. 윤석열 총장은 다시 대검찰청으로 출근한다. 그리고 2021년 3월 4일 검찰총장직에서 사임한다. 윤석열 총장은 사퇴 입장문을 발표하며 "앞으로도 자유민주주의와 국민을 보호하는 데 온 힘을 다하겠다"라고 강조했다. 윤석열은 북한 김정은을 두둔하는 좌파 문재인과 결이 완전히 다른 우파임을 천명한 것이다.

그리고 우여곡절 끝에 2021년 6월 29일 제20대 대통령 선거 출마를 공식적으로 선언한다. 이어 7월 30일 국민의힘에 입당하며 정계에 첫발을 디뎠다. 이후 자신의 선거캠프인 국민 캠프를 조직해 대통령 후보 경선에 참여한다. 마침내 윤석열은 2021년 11월 5일 국민의힘 제2차 전당대회에서 대통령 후보로 선출된 뒤, 드디어 2022년 3월 9일 대한민국 제20대 대통령에 당선된다.

한미일 새 시대 연
'윤석열 대통령 大 업적'

윤석열 대통령이 다진 대한민국의 비전

문재인이 재임 기간(2017~2022년)에 저지른 한일 갈라치기와 한미동맹 약화 행위는 대한민국을 엄청나게 위태롭게 했다. 그런데도 천우신조로 대한민국은 위기를 극복할 수 있는 계기를 마련한다. 2022년 3월 9일 대통령 선거를 통해 우파 후보로 나선 윤석열이 간신히 대통령으로 당선된다. 여론조사에서는 줄곧 8~9% 앞섰다. 그러나 결과는 손에 땀을 쥐게 했다. 부정선거라는 말도 나왔다. 하지만 국민의힘을 대표하는 윤석열 후보가 더불어민주당 이재명을 꺾음으로써, 명재경각에 달린 대한민국이 겨우 한숨을 돌리게 된 것이다.

윤석열 대통령의 가장 큰 외교적 업적은 출범 이듬해인 2023년 3월 16~17일 일본 정부의 초청으로 일본을 방문해 기시다 후미오 총리와 정상회담을 가진 것이다. 이날 회담에서는 강제징용 피해 배상 갈등에서 파생된 일본의 한국에 대한 수출규제와 한일 군사 정보보호협정(GSOMIA·지소미아) 문제를 해결함으로써 한일 공조가 본격적으로 재개되었다. 앞서 한일 두 정상은 2022년 11월 13일 캄보디아 프놈펜에서 아세안(ASEAN·동남아시아국가연합) 관련 정상회의를 통해 양자 회담을 가지며 양국의 문제 해결을 위한 계기를 마련한 바 있다.

일본을 방문한 윤석열 대통령과 기시다 후미오 일본 총리가 3월 16일 오후, 일본 도쿄 총리 관저에서 85분 동안 정상회담을 가졌다. 회담을 마친 후 한일 두 정상은 공동 기자회견을 통해 '김대중-오부치 선언'을 계승한다고 밝히고 "안보, 경제, 인적·문화 교류 등 다양한 분야에서의 협력을 증진하기 위한 논의를 더욱 가속하기로 했다"라고 회담 결과를 설명했다.

먼저 윤석열 대통령은 "한국과 일본은 자유·인권·법치의 보편적 가치를 공유하고, 안보·경제·글로벌 '어젠다(agenda)'에서 공

〈2023년 3월 16일, 일본을 방문한 윤석열 대통령과 기시다 후미오 일본 총리가
2023년 16일 오후, 도쿄 총리 관저에서 85분 동안 정상회담을 가졌다.
[사진 대통령실 기자단]〉

동의 이익을 추구하는 가장 가까운 이웃이자 협력해야 할 파트
너"라고 언급하면서 "오늘 회담에서 저와 기시다 총리는 그간 얼
어붙은 양국 관계로 인해 양국 국민이 직간접적으로 피해를 당했
다는 데 공감하고, 한일 관계를 조속히 회복시켜 나가자는데 뜻을
같이했다"라고 밝혔다.

안보 협력과 관련해서 기시다 후미오 일본 총리는 "현재의 엄

중한 안보 환경에 대해서도 윤석열 대통령과 인식을 공유했다"라며 "ICBM급(대륙간탄도미사일) 탄도미사일 발사를 포함해 핵·미사일 활동을 더욱더 추진하는 북한의 대응에 대해서는 미일동맹, 한미동맹의 억지력과 대처력을 한층 강화하고, 한일 그리고 한미일 3개국 사이에서도 안보 협력을 강력히 추진하는 것의 중요성을 확인했다"라고 언급했다. 이로써 한일 두 정상은 한일을 넘어 한미일 공조를 통해 동아시아 평화를 구축하는 위대한 업적을 이룩하게 된다.

곧이어 2023년 4월 26일, 미국 조 바이든 정부는 한미동맹 70주년을 기념하기 위해 윤석열 대통령을 국빈 방문 형식으로 초청해 대대적인 환영 행사를 거행한다. 양국 정상은 국방·안보 관계 심화, 경제·상업·환경 협력 확대, 우주를 포함한 디지털 및 기술 협력 증대, 개발원조·교육 교류·인적 관계 확대에 초점을 둔 글로벌 동맹으로 발전한 한미동맹에 대한 철통같은 의지를 재확인했다.

두 정상은 더욱 가시적인 미국 전략 자산의 배치와 관련한 논의를 했다. 미국은 한반도 및 그 주변에 미국의 전략 자산, 특히 핵전력 플랫폼의 배치를 강화하는데도 분명한 의지를 갖추고 있다

〈윤석열 대통령과 조 바이든 미국 대통령이 2023년 4월 26일 한미 정상회담을 시작하면서 밝은 웃음으로 우정의 악수를 하고 있다. [사진 대통령실 기자단]〉

고 밝혔다. 또 한미동맹은 지역의 위협에 대응하기 위해 합동훈련 범위와 규모를 확대하고, 정례적인 고위급 만남 및 대화를 지속하기로 했다.

특히 연합사령부와 한국군의 능력을 긴밀히 연결하면서 미국과 한국은 합동 계획 및 실행 노력 강화를 위해 한국의 향상 되고 있는 전략 자산과 한미 연합사령부 간의 연결성을 증대하기 위해 협력하고 있는 것을 확인했다. 또 핵 억제에 관한 한국군 교육 및 훈련을 위한 핵 위협 시나리오에 대한 한국의 준비 태세를 강화키로 하고, 미국은 재래식-핵 지원의 결합을 포함하여 한미동맹이 한반도에서 핵 억제를 어떻게 접근하고 있는지에 초점을 둔 미국국방부 수업 및 연수에 한국군 관계자들의 참여를 환영한다고 밝혔다.

새로운 도상 훈련 및 시뮬레이션으로 지역 위협에 대해 계획을 세우고 대응하는 능력을 향상하면서, 미국과 한국은 새로운 연례 범정부·범부처 시뮬레이션 및 미국 전략사령부와의 별도 도상 훈련을 개발했다. 이들은 양국이 이미 수행하고 있는 비슷한 활동들을 보완해 줄 것이라고 강조했다. 무엇보다 방어훈련 참여 증가를 통해 군 준비 태세를 갖추고 양국 합동군 태세를 강화하기 위해, 미국과 한국은 을지 자유의 방패(Freedom Shield) 연습과 전사의 방패(Warrior Shield) 연습을 포함하여 야외 기동연습 훈련을 확대, 현실적인 전구(戰區) 연합훈련 시스템을 복원키로 합의했다. 한국은 다자 훈련 및 미국, 일본과의 삼자 훈련에도 참여할 계획이라고 언급했다.

한미 두 정상은 해상 안보와 방어에 대한 지역 협력을 대폭 강화키로 했다. 지역 안보 협력은 인도·태평양 지역에서 평화, 안정, 번영을 달성하는 것이 핵심이다. 미국과 한국은 해상 영역에 대한 인지와 다른 인도양·태평양 파트너 국가들과 방위 협력을 증진하려는 노력에 도움이 되도록 지역 협력 실무협의회를 활용키로 했다.

〈미국을 국빈 방문 중인 윤석열 대통령이 2023년 4월 27일(현지시간) 워싱턴 DC 국회의사당에서 열린 미 상·하원 합동회의에서 연설 도중 기립박수를 받고 있다. [사진 대통령실 기자단]〉

윤석열 대통령은 바이든과의 정상회담에 이어 다음날인 27일 오전 11시(현지시간) 미국 워싱턴 DC 국회의사당에서 '자유의 동맹, 행동하는 동맹'(Alliance of Freedom, Alliance in Action)이라는 주제의 미 상·하원 합동회의에서 연설을 했다. 한국 대통령이 미 의회 연단에 오른 것은 이번에 일곱 번째로, 2013년 5월 박근혜 전 대통령 이후 10년 만이다. 영어로 연설을 한 것은 앞선

이승만·노태우·김대중·박근혜 전 대통령에 이어 다섯 번째였다.

이날 윤석열 대통령의 연설은 특히 한미동맹이 지난 70년간 함께해온 '자유의 여정'을 돌아본 다음, 이제 세계의 자유와 평화를 지키는 '글로벌 동맹'으로 발돋움할 때라는 데 방점을 찍었다. 윤석열 대통령은 무려 20번의 기립박수와 함께 모두 60여 차례의 큰 박수를 받았다. 윤석열을 대통령은 이날 연설을 통하여 실제로 한미일 공조라는 위대한 업적을 남겼다.

윤 대통령은 "이제 인류의 자유를 위해 대한민국이 국제사회와 힘을 모아 해야 할 일을 반드시 할 것"이라고 선언하자, 좌중에서는 기립박수가 쏟아졌다. 또 자유민주주의가 세계적으로 '허위 선동', '거짓 정보'로 위협받고 있다며 이에 맞서는 '자유 연대'를 강조하기도 했다. 그 연장선상에서 우크라이나에 대한 러시아의 무력 공격을 "일방적인 현상 변경 시도"로 규정하며 강력하게 규탄했다. 하지만 러시아를 직접적으로 거론하지는 않았다.

이로써 윤석열 대통령은 일본과 미국을 연이어 방문하면서 한미일 공조를 강력하게 다진 뒤 동북아시아 평화를 확고히 견지할 수 있다는 자신감을 얻는다. 그리고 2023년 6월 28일 장충체육관에서 열린 한국자유총연맹 창립 69주년 기념식에서 '반국가 세력'을 외치면서 문재인의 간담을 서늘케 했다. 게다가 문재인 정권이 허황된 가짜 평화를 노래 부르고 있다고 직격탄을 날렸다.

특히 윤석열 대통령은 당시 기념식 모두 발언에서 "왜곡된 역사의식, 무책임한 국가관을 가진 '반국가 세력'들은 북한 공산집단에 대해 유엔 안보리 제재를 풀어달라고 읍소하고 유엔사를 해체하는 종전선언을 노래 부르고 다녔다"라며 "문재인의 종전선언 추진으로 자유대한민국의 국가안보가 치명적으로 흔들린 상황이었다. 저는 대통령 취임 이후 북핵 위험과 도발을 억제하기 위해 한미동맹을 강화하고, 틀어진 한일 관계를 신속히 복원하고, 나아가 '한미일 안보 공조'를 튼튼히 했다"라고 강조했다.

이어 2023년 8·15 경축사에서 윤 대통령은 자신의 사상적 실체를 선명하게 드러냈다. 경축사에서 "대한민국 정부는 자유, 인권, 법치의 보편적 가치를 공유하는 국가들과 안보 협력과 첨단기술 협력을 적극 추진해 왔다. 한미동맹은 보편적 가치로 맺어진 평화 동맹이자 번영의 동맹이다. 이웃 일본은 이제 우리와 보편적 가치를 공유하고 공동의 이익을 추구하는 파트너다"라고 강조하면서 한미일 공조를 완전히 못 박았다.

윤석열 대통령-기시다 총리 '노벨 평화상 감'

이렇게 윤석열 대통령의 눈물겨운 노력으로 한미일 공조가 완성되면서 북한 핵을 막을 수 있게 됐다. 오늘날 군사과학의 발전은 핵무기 없이도 억제가 가능한 상황을 만들고 있다. 이른바 '**킬체인(kill chain: 3축 체제 시스템)**'이다. 이를 활용하면 어떤 공격용 무기도 방어할 수 있다. 킬체인은 방어시스템을 의미하는데, 적의 공격에 일일이 대응하는 것이 아니라 적의 공격수단인 주요 무기를 미리 찾아내 파괴하고 무력화하는 과정 자체를 말한다.

윤석열 대통령은 2024년 1월 신년사에서 "올해 상반기까지 증강된 한미 확장억제 체제를 완성하여 북한의 핵미사일 위협을 원천 봉쇄하겠다"라고 천명했다. 이를테면 이스라엘이 이란으로부터 300여 발의 미사일 공격을 받았지만 단 한발도 얻어맞지 않았다. 그러나 한발의 파편이 튀면서 이스라엘 한 소녀가 가벼운 부상을 초래할 정도로 킬체인은 거의 완벽한 방어 능력을 갖추고 있다. 따라서 이제 우리도 북한 핵 공격으로부터 크게 염려할 필요가 없게 된다.

미국은 윤석열 대통령과 일본 기시다 총리의 사이가 좋아지기를 바라는 것은 애초부터 무리라고 생각하고 있었다. 그런데 윤석열 대통령의 노력으로 한일 양국의 관계가 개선되자 한일 두 지도자에 대해 '노벨 평화상 감'이라는 말이 미국에서 흘러나오기 시작한 것이다.

왜냐하면 윤석열 대통령과 기시다 총리가 연합함으로써 한미일 공조가 완벽하게 이뤄졌기 때문이다. 그리고 한미일 3국이 뭉치면 중국의 대만 침공은 물론, 김정은의 남침도 불가능해진다. 결국 한미일 공조가 동북아시아에 평화를 가져온 것이다. 따라서 윤석열 대통령과 기시다 총리가 노벨 평화상을 받기에 충분하다고 말한 것이다. 당시 미국 신문에서는 "US official says Kishida and Yoon deserve Nobel Peace Prize"라는 제목의 기사가 보도됐다. 그런데 대한민국 언론은 이 엄청난 기사를 단 한 줄도 다루지 않는다.

특히 '윤석열 대통령과 기시다 총리가 노벨 평화상 감'이라고 말한 미국 공직자는 보통 사람이 아니다. 그는 지금 미국에서 아시아 정책을 주도하는 미국 국무부 부장관(차관) 커트 캠벨(Kurt Campbell)이다. 이 사람을 일러 아시아 외교의 황제라고 말한다. 그래서 그의 별명이 '아시아 차르(Asia Tsar)'라 불릴 만큼 아시아 정책을 정확히 잘 펼치고 있는 뛰어난 전문가다. 미국 조 바이든 대통령도 아시아 문제는 반드시 커트 캠벨 국무부 부장관의 의견을 직접 듣는다고 한다.

한미일 공조 '중국 대만 침공 의지 꺾다!'

윤석열 대통령의 취임 이후 업적은 이루 말로 다 열거할 수 없다. 이 중에서도 가장 큰 업적은 문재인이 약화하고 파괴한 한미일 공조 시대를 열었다는 점이다. 윤석열 정부가 한미일 공조를 복원함으로써 가장 큰 가시적 효과는 중국의 대만 침공 의지를 꺾는 데 엄청난 역할을 한 것이다. 특히 호시탐탐 대만 침공을 노리던 시진핑 공산당 정부의 대만 침공 의지를 꺾는 데는 다음 두 가지가 결정적인 이유로 꼽힌다.

첫째는 중국이 우한발 코로나를 전 세계에 퍼뜨림으로써, 그동안 중국과 우방으로 함께 해온 유럽으로부터 신뢰를 상실하기 시작한다. 그리고 러시아의 우크라이나 침공을 지지하고 지원함으로써 중국은 우방인 유럽연합은 물론 영국으로부터 완전히 버림을 받게 된다. 하늘의 도움으로 중국이 오랜 기간 공들여 쌓아온 미국과 유럽 간의 이간질이 실패로 끝난 것이다. 이로써 중국 공산당의 괴수 시진핑은 울분을 토한다.

둘째는 윤석열 정부의 '한미일 공조'가 중국의 대만 침공을 억제하는 치명적인 비수로 작용한다. 한미일 공조는 바로 중국의 턱밑에서 심장을 겨눌 수 있는 전략 전술이다. 무엇보다 중국 공산당 정부의 다각적인 갈라치기가 완벽한 실패로 끝나게 된다. 이로써 중국의 공든 탑이 완전히 무너지고 대만 침공 의지는 한풀 꺾이게 된다.

미국 워싱턴 DC에 소재하는 **국제전략연구소**(CSIS: Center For Strategic and International Studies)는 "만에 하나 중국의 뜻대로 미국과 유럽이 불편한 관계를 유지하고, 나아가 대한민국이 문재인에 이어 좌파 정부가 들어서면서 한일 간이 갈라지고, 한미동맹이 약화한다면 중국이 대만을 침공할 가능성은 훨씬 높아질 것"이라며 "만약 중국이 대만을 침공할 경우, 북한 김정은이 미국과 일본에 혼란을 가중하기 위해 남한 공격을 감행하면서 한반도는 전쟁의 도가니로 변하게 될 수 있다"라는 불길한 전망을 내놨다.

또 **국제전략연구소**(CSIS)는 2026년 중국이 대만을 침공하는 상황을 가정한 24개의 시뮬레이션을 가동했다. 그 결과 중국의 대만 침공이 결국 실패할 것이란 결론을 내린다. 패전국이 된 중국은 1만여 명의 병력 손실을 당하고, 전투기 155대와 함선 138척이 파괴될 것으로 예상했다. 문제는 승전국이 될 미국이 전쟁에서 패배한 중국보다 더욱 긴 고통을 겪으면서 승리의 대가를 치르게 될 것이라고 예상했다.

미국이 단 3주간의 전투로 항공모함 두 척을 잃게 되고, 이라크와 아프가니스탄에서 20년 동안 희생된 인력 규모의 절반에 이르는 3,200명이 사망할 것이라고 말했다. 더욱 우려스러운 건 이런 시나리오를 무색하게 하는 큰 변수다. 이처럼 전황이 한쪽으로 기울게 되면 세계 최 강대국이자 핵보유국인 두 나라가 과연 재래식 무기로만 전쟁을 마칠 수 있느냐는 것이다. 자칫 핵전쟁이라도 부른다면 인류의 미래는 담보하기 어렵다는 으스스한 전망까지 나오는 상황이다.

게다가 동북아 정세가 이렇게 폭풍에 휘말린다면 더 이상 중국만 바라볼 수 없는 북한 김정은 정권 역시 내부 사정에 따라 극단적 선택을 감행할 수도 있다는 것이다. 유엔의 제재로 식량난과 함께 경제적 어려움에 봉착한 북한이 내부 통제를 위해서라도 외부에 대한 위협을 고조시킬 필요가 있다고 판단한다면 자칫 돌이킬 수 없는 위험한 남한 침공으로 이어질 수 있다는 것이다.

이런 면에서 윤석열 대통령의 한일 관계 복원 및 한미일 공조는 중국의 대만 침공 의지를 꺾는 데 엄청난 기여를 한 외교 업적으로 평가받아 마땅하다. 그러나 북한 김정은 정권을 지원하지 못해 안달이 난 더불어민주당 의원들이 한일 관계 복원을 두고 게거품을 물면서 친일 외교라고 비난한다. 우리는 저들의 불길한 정체를 분명히 파악해야 한다. 대한민국의 번영된 앞날을 염원하는 국민이라면 더는 종북 주사파들이 외치는 '**친일 프레임**'에 놀아나서는 안 된다.

중국 공산당 수괴 시진핑
대만 침공 외교 전략과 실패

첫째, 미국과 유럽연합(EU)의 갈라치기

대만 침공을 위한 중국 공산당 정부의 야심찬 외교 전략은 두 가지로 요약된다. 첫째는 미국과 유럽연합을 갈라치기 하는 것이다. 중국은 한때 세계 제조업 기반을 아우르면서 제조업 블랙홀 역할을 했다. 이때 벌어들인 엄청난 자본으로 유럽을 공략하기 시작한다. 먼저 미국 정부와 마찰음을 내는 국가들을 약한 고리로 삼아 이간질했다.

이에 대표적인 국가가 바로 독일의 앙겔라 메르켈 총리(재임 2005~2021년)였다. 실제로 2020년 이전까지만 해도 독일의 메르

켈과 중국 시진핑은 찰떡궁합을 과시했다. 이로써 중국은 미국과 유럽을 갈라치기 하는데 엄청난 동력을 얻는다. 이때 영국은 브렉시트로 유럽연합에서 탈퇴한다. 마침내 2016년 11월 정치 이단아 트럼프가 등장하자, 시진핑은 프랑스 대통령 에마뉘엘 마크롱까지 끌어들인다. 또 경제가 어려운 이탈리아를 구워삶아 미국과 유럽연합을 갈라치기 하는 데 성공한다.

그러나 유럽과 중국 공산당의 밀월은 그리 오래 지속되지 못한다. 2020년 초 중국 우한에서 발생한 '코비드 19(코로나)'로 전 세계가 모진 팬데믹을 겪는다. 당시 중국은 이를 예견하고 세계 각국으로부터 코로나 예방과 관련한 의료 장비를 싹쓸이 수입한다. 특히 의료진의 필수장비인 〈방호복〉을 비롯해 모든 사람에게 필수 도구인 〈마스크〉를 독점한다. 당시 문재인이 중국에 수백만 장의 마스크를 수출해 우리 국민도 주일제 마스크를 구매하는 웃지 못할 고통을 감내해야 했다.

특히 중국의 우방국이던 이탈리아를 비롯한 독일과 프랑스 등이 시진핑의 야비한 행위를 직접 경험하면서 중국 공산당 정부와 유럽연합의 신뢰 관계에 금이 가기 시작한다. 독일의 대표 주간지 〈슈피겔〉이 신종 코로나바이러스를 '메이드 인 차이나(Made in

〈2020년 2월1일 발간된 슈피겔의 표지에서는 '코로나 바이러스(CORONA-VIRUS)'는 '메이드 인 차이나'라고 조롱 섞인 듯한 문구가 주요 제목으로 처리됐다. 더구나 표지 사진은 붉은색 우비를 뒤집어쓰고 방독면과 귀마개를 하고 중국의 야만성을 비난한다.

China)'라고 직격탄을 날려 중국 당국으로부터 거센 항의를 받았다. 그러면서 친중국 성향이 농후하던 독일이 가장 먼저 중국으로부터 거리를 두게 된다. 잇따라 유럽연합 국가들도 서서히 중국을 불신하기 시작한다.

유럽, 우크라이나 침공 '러' 지지한 중국과 결별

마침내 2022년 2월 4일 러시아의 우크라이나 침공 빌미는 앞서 지난 2008년 우크라이나와 조지아가 '나토(NATO : 북대서양 조약기구)' 가입을 모색하면서 비롯된다. 이후부터 러시아의 우크라이나 침공은 잦아진다. 하지만 2022년 본격적인 침공을 감행하며 세계는 둘로 갈라진다. 러시아를 지원하는 나라는 벨라루스를 비롯한 동유럽 친러 국가와 '중국-북한-이란' 등이다. 그러나 구미 서방 국가와 그 동맹 및 우방국인 '대한민국-일본-튀르키예(터키)' 등은 우크라이나를 돕고 있다.

현재 중국과 북한이 대표적으로 우크라이나 전쟁에서 러시아를 지지하고 있다. 한때 친중주의를 표방하던 독일과 프랑스, 이탈리아와 영국까지 전 유럽이 중국과 완전히 결별한다. 이로써 중국의 대만 침공 계획에도 굉장한 차질을 빚게 된다.

종북 주사파 및 친중파 '한미일 갈라치기'

둘째로 중국 공산당 정부는 대한민국의 '친중 인사'들과 '종북 주사파'와 결탁해 일본과 한국을 갈라치기 해왔다. 게다가 종북 좌파를 통해 한미동맹까지 약화한다는 이중 전략을 구사했다. 특히 문재인 정부는 남한의 종북 주사파와 친중 인사를 통해 끊임없이 왜곡된 친일 문제로 우리 민심을 반일로 몰아갔다.

특히 건국 이후 북한은 끊임없이 도발을 일삼아 왔다. 북한을 방어하고 견제할 뿐 아니라 대중 봉쇄 전략 차원에서도 한일 간의 공조는 물론이고, 나아가 한미일 간의 긴밀한 3각 안보 공조가 그 어느 때보다 절실하다. 이에 결정적인 정보수집 역할을 해온 '지소미아(GSOMIA: 한일 군사정보보호협정)'를 문재인 정권이 2019년 8월 22일 종료한다.

좌파 정권이 부추긴 한일 간 갈등으로 지소미아는 역사 속으로 자취를 감춘다. 지소미아의 파괴는 우리의 정보수집에도 결정적인 타격을 주었다. 또 문재인은 '9·19 남북 군사합의'를 통해 미군 정찰기의 휴전선 근방 정찰비행을 막아 우리 군의 정보수집은 불능상태가 된다.

실제로 일본의 정보수집 능력은 전 세계적으로 탁월하다. 일본은 정보수집 위성 6기와 1,000㎞ 밖의 탄도미사일을 탐지할 수 있는 레이더를 탑재한 이지스함 6척, 탐지거리 1,000㎞ 이상의 지상 레이더 4기, 공중조기경보기 17대, P-3와 P-1 등 해상 초계기 110여 대 등을 보유하고 있다. 일본의 도-감청을 통한 정보수집 능력은 상상을 초월한다.

문재인 정부의 한일 갈라치기와 한미동맹 약화는 결과적으로 북한 김정은을 이롭게 하고, 나아가 중국에 아부하는 친중국 행위를 거침없이 자행한 것이다. 특히 80년을 쓸 수 있는 월성원전 1호기를 40년 만에 폐쇄했다. 또 북한 김정은에게 국가기밀이 담긴 USB를 직접 넘겼다. 게다가 심각한 범죄행위인 국가 통계 조작, 성남-청주-창원지역의 간첩단 지원 혐의, 그리고 북한을 이롭게 하는 평화협정과 종전선언을 노래 부르고 다녔다. 이 같은 문재인의 행위는 사실상 간첩행위나 다름없다.

대한민국 비전 다진
尹 대통령 외교 및 경제 업적

대한민국 영업사원 1호 '윤석열'

윤석열 정부의 외교 전략 특징은 크게 한미동맹 강화와 세일즈 외교, 그리고 가치와 인권외교라고 할 수 있다. 윤 대통령은 2022년 6월 27일 취임 직후 첫 국외 순방 일정으로 스페인에서 열린 '나토(NATO) 정상회의'에 비회원국 자격으로 참여했다. 윤 대통령은 당시 일정을 소화하면서 직접 '브로슈어(brochure: 안내 소책자)'를 들고 다니며 원전과 K-방산 무기를 판매하는 세일즈 외교에 집중했다. 대한민국 영업사원 1호라는 윤석열 대통령의 진지한 모습을 유감없이 발휘했다.

특히 이 과정에서 폴란드와 체코 등 동유럽 국가들에 엄청난 공을 들였다. 미국 중심의 제 1세계에 집중하면서 중국과 러시아의 관계 악화는 피할 수 없는 상황이다. 그런 만큼 이제는 새로운 먹거리를 유럽과 기존 서방세계에서 찾겠다는 전략의 일환으로 풀이된다. 결국 7월 28일 폴란드와 한국 방산기업 간에 20조 원 상당의 무기 수출 계약이 체결된다. 유럽으로 한국산 무기가 수출되는 것도 처음일 뿐 아니라 규모도 무기 수출 건으로는 사상 최대였다.

이어서 10월 31일에는 대한민국 산업통상자원부, 폴란드 국유재산부, 한국수력원자력, 폴란드 ZE, PAK, PGE가 원전 개발계획 수립 관련 양국 기업 간 협력의향서(LOI)와 정부 부처 간 양해각서(MOU)를 체결하는 성과를 올린다.

2023년 5월 21일 윤석열 대통령은 올라프 숄츠 독일 총리와의 정상회담에서 독일이 주도한 기후클럽에 참여하고 한-독 군사비밀 정보보호협정을 조속히 체결하기로 했다고 밝혔다. 이튿날인 22일 윤 대통령은 샤를 미셸 EU 상임의장 및 우르줄라 폰데어라이엔 EU 집행위원장과 한-EU 정상회담을 가졌다. 회담에서 대한민국이 EU의 대표 연구혁신 프로그램인 '호라이즌 유럽'의 준회원국 가입을 위한 본협상에 진입했다고 양 정상이 발표했다. 한국이 준회원국 자격을 얻게 되면 우리 연구진은 511억 유로(약 73.3조 원)에 달하는 R&D 사업에 참여할 수 있는 계기를 마련하게 된다.

또 EU가 한국산 라면에 대해 수입을 규제해 온 것을 2023년 7월부터 해제하는 성과를 올렸다. 앞서 EU는 문재인 정부인 2021년 8월 한국산 라면에 에틸렌옥사이드의 반응 산물로 생성될 수 있는 2-클로로 에탄올이 검출되자, 2022년 2월부터 에틸렌옥사이드 관리강화 조치를 시행해 왔다. 라면의 소비기한은 보통 6개월인데, 수입 규제로 인해 운송과 검사를 거치면 3~4개월이 걸려 판매 가능한 기간이 2개월로 줄어들었다. 윤석열 대통령은 지난 1년 반 동안 한국산 라면 수출업체가 받아온 엄청난 타격을 완전히 해소했다.

이로써 2023년 라면 수출이 2022년 동기 대비 무려 72% 상승한 4,400만 달러(약 600억 원)에 이르렀다. 따라서 2023년 유럽지역의 연간 라면 총 수출액은 1,450억 달러를 상회하는 것으로 드러났다.

尹 대통령 경제도
문재인보다 훨씬 낫다!

문재인 정부 '소득주도성장'으로 경제 폭망

문재인 정부는 경제이론에서조차도 퇴출된 '소득주도성장(income-led growth)'을 들고 나와 퍼주기식 정책을 펼치다가 나라 곳간을 거덜냈다. 박근혜 전 정부에 이르기까지 국가의 총 빚이 600조 정도였는데, 문재인 정부는 집권 5년 동안에 무려 400조 빚을 지면서 1,000조 빚더미에 올라앉았다.

문재인의 소주성 정책은 최저임금 인상, 비정규직의 정규직 전환, 사회복지 확대, 재분배 강화 등의 정책을 추진했다. 이러한 정책들은 애초 저소득층의 소득을 증가시키고, 소비 지출을 늘려

경제 활성화를 유도하는 게 목표였다.

그러나 소주성 정책은 완전히 실패했다. 2018년과 2019년의 급격한 최저임금 인상은 한국의 총고용을 장기적으로 3.5% 감소시켰다. 특히 고용 규모가 작은 사업장일수록 고용 충격이 더 컸다. 최저임금 인상은 기업의 자본 투자 감소로 이어져 한국의 GDP 규모를 1% 줄이는 역효과를 냈다.

결론적으로 문재인의 소주성 정책은 급격한 최저임금 인상, 성장론에 갇힌 정책 설계, 비현실적인 정책 목표, 정부 개입의 한계, 시대적 흐름에 역행하는 정책 등 여러 문제점을 안고 있었으며, 이러한 문제점으로 정책은 실패로 이어졌다.

특히 문재인의 소주성 정책은 경제적 효율성에 근거하기보다는 정치적 목표 달성을 우선시한 결과, 경제성장 저해, 소득 불평등 심화, 일자리 감소 등 심각한 부작용을 초래하면서 결국에는 우리 경제를 파탄지경으로 몰아넣었다.

尹 정부 정책성과 '2%대 성장·규제혁신'

그러나 윤석열 정부는 문재인과 전혀 달랐다. 경제전문가들은 출범 3년 차를 맞은 윤석열 정부가 그동안 추진해 온 주요 정책성과로 2% 경제성장과 규제혁신 등을 꼽았다.

또한 전 세계적인 고물가 상황에서 물가를 안정적으로 관리해 올해 (2024년) 1월 기준 주요 선진국의 근원 물가는 한국이 2.5%를 기록해 매우 성공적이라는 평가를 받고 있다. 이어서 독일이 3.5%, 미국 3.9%, 영국 5.2%를 각각 나타냈다.

윤석열 정부 첫해인 2022년 경제성장률은 2.6%에서 2023년 1.4%로 떨어졌지만, 올해 경제성장률은 2.2%로 예상된다. 이는 같은 기간 미국이 1.9%에서 2.1%, 영국이 4.3%에서 0.7%로 전망한 것과 비교하면 눈에 띄는 성과로 볼 수 있다.

특히 윤석열 정부는 과감한 지출구조조정이란 긴축재정을 실시해 큰 성과를 올렸다. 정부는 "올해 과감한 지출구조조정을 통해 역대 최저 수준(2.8%)의 총지출 증가율을 나타냈다"라며 "절감한 재원은 약자 복지, 미래 준비 투자 등 꼭 필요한 곳에 재투자했다"라고 밝혔다.

무엇보다 어려운 대외 여건 속에서도 윤 정부는 첫해인 2022년 역대 수출액 1위, 지난해 3위를 기록한 점도 높이 평가된다. 또

2022년 외인 투자유치액이 최초 300억 달러를 돌파했고, 2023년 역대 최대 투자유치 실적(327억 달러)을 보였다.

산업통상자원부는 올해 상반기 수출은 전년 대비 9.1% 증가한 3,348억 달러를 기록했고, 분기 기준 수출 증가율도 작년 4분기 이후 확대되고 있다고 밝혔다. 수입은 3,117억 달러로 6.5% 감소하면서, 무역수지는 2018년(311억 달러) 이후 상반기 기준 최대 규모인 231억 달러 흑자를 냈다. 올해 연간 수출은 전년 대비 9.1% 증가한 6,900억 달러, 수입은 1.0% 증가한 6,490억 달러로 410억 달러 무역수지 흑자가 예상된다.

특히 윤석열 정부는 총 1,700여 건의 규제개선으로 약 101조 원의 경제효과를 유발하는 정책적 성공을 이룩했다.

윤석열 정부가 이끌어 온 전반기 2년 반의 국가정책은 이토록 성공적으로 펼쳐지고 있는데도, 우파 국민조차 "윤석열이 잘하는 게 뭐가 있나?"라고 말하는 아둔한 인간들이 많다.

우리가 피부로 느끼는 실물 경제가 무척 어렵다는 건 사실이다. 특별히 자영업자들이 느끼는 체감 경기는 굉장히 힘들다. 이는 문재인 정부가 무려 400조를 비워버린 나라 곳간이 첫 번째 문제다. 둘째는 유럽과 중동의 전쟁으로 유가가 폭등하고 기후변화로 우리가 날마다 식탁에서 접하는 각종 채소 과일의 가격이 우리의 삶을 짓누르고 있다.

게다가 더불어민주당이 독주하는 국회가 눈만 뜨면 지나간 문제점들을 물고 나와 정쟁으로 노래하고 있으니, 그나마 이 정도로 버티고 있는 것은 순전히 윤석열 정부가 나라를 살려보려고 혼신의 노력을 기울인 결과라는 걸 알고 감사하라.

눈만 뜨면 TV는 가짜뉴스로 국민을 현혹하고 있다. '삼인성호(三人成虎)'라는 말이 있다. 윤석열 대통령을 죽이기 위해 김건희 여사를 약한 고리로 삼아 거짓도 진실처럼 만들어 끊임없이 공격하는 여야 정치인들이 가소롭다. 너희가 엄청난 국록을 처먹으면서 하는 짓거리가 고작 그것인지 묻고 싶다.

지금 세계는 격변하고 있다. 그나마 우리는 앞을 정확히 예측할 수 있어서 다행이다. 세계에서 가장 흉악한 국가, 악의 축으로 비난 받아오고 있는 중국(China), 러시아(Russia), 이란(Iran), 북한(North Korea)로 형성된 크링크(CRINK)가 지금 몰락의 길로 가고 있다. 이들에게는 인권도, 개인 존엄도, 자유도 없는 흉측한 집단들이다.

머지않아 곧 이들 '악의 축(the axis of evil)'이 지구상에서 사라지거나 급격히 위축된다면 이 땅에는 전쟁도 사라지고, 독재도 사라지게 될 것이다. 남한의 종북 주사파 빨갱이들이 이토록 목숨 걸고 설치는 이유가 바로 저들이 기댈 언덕이 사라지고 있기 때문이다. 따라서 지금 남한에서 종북 친중 빨갱이들이 설쳐대는 꼴을 가만히 들여다보면 불쌍하고 가엽다. 그래서 이 한마디를 던져주고 싶다. 글 읽은 자들은 알지니!

"You! poor creatures."

이제 머지않아 지구촌은 서로 도우면서 웃음꽃이 넘쳐나는 살 만한 시대가 도래할 것으로 기대한다. 광화문 애국자들이여! 몹시 걱정스러운 얼굴이군요. 하지만 기운을 내세요. 빨갱이들의 파티는 이제 끝났답니다.

윤석열 대통령의
대미(對美) 군사 및 국방 외교 업적

문재인 때 멈춘 한미연합훈련 부활

윤석열 정부는 문재인 때 한미동맹을 약화하면서 거의 멈춰버린 한미연합훈련을 대거 부활시켰다. 일부 훈련은 더 강화했다. 2022년 7월 대한민국 국군은 문재인 정부 당시 축소 및 중단된 '키 리졸브(KR)' '독수리 훈련(FE)' '을지프리덤실드 연습(UFG)' 전구(戰區)급 한미연합연습 부활을 발표했다.

이어 2022년 10월에는 한미 대규모 연합공중훈련인 '비질런트 스톰'도 시작했다. 한국과 미국이 대규모 연합공중훈련을 한 것은 2017년 12월 이후 4년 10개월 만이다. 당초에 10월 31일부터 11

월 4일까지 5일 동안 훈련하는 것으로 예정됐으나, 북한의 도발로 인해 훈련기간이 하루 연장돼 11월 5일에 끝났다.

2023년 전반기 한미연합연습인 '자유의 방패(FS)'가 3월 13일부터 역대 최장기간인 11일간 연속 진행하기로 결정됐다. 한미 양국 당국은 FS훈련이 북한의 핵미사일 고도화와 최근 일어난 전쟁 등 변화하는 위협과 달라진 안보 환경을 반영해 동맹 대응능력을 한층 더 강화할 것이라고 밝혔다. 또 대한민국을 방어하기 위한 한미 연합방위 태세를 확고히 하겠다고 강조했다. FS는 문재인 정부 때인 2018년 남북 화해 분위기에 맞춰 중단된 전구급 연합연습으로 5년 만에 부활한 것이다. 여기에다 2023년 3월에는 '쌍룡훈련'도 2018년 이후 5년 만에 부활시켰으며, 당초에 여단급에서 사단급으로 격상했다.

미(美) 전략 자산 한반도 '상시 배치'

2022년 5월 한미 정상회담에서 양국 정상은 '적시-조율된 방식의 전략 자산 전개' 합의를 도출한 데 이어 2022년 11월 한미간 '안보협의회의(SCM)'에서는 미국 전략 자산을 한반도에 상시 배치하는 수준으로 운용키로 합의해 한국 측의 요구를 받아들였다. 참고로 2016년 10월에는 애슈턴 카트 당시 국방 장관의 반대로 인해 전략 자산 한반도 상시 순환 배치는 실현되지 못했다.

그러나 양국 합의 이후 실제로 미국은 파괴력이 굉장한 주요 전략 자산들을 지속적이고 대규모로 한반도에 끌고 들어와 약속을 이행하고 있다. 그 목록들은 〈B52-H장거리폭격기〉〈B-1B전략폭격기〉〈F-22스텔스전투기〉〈F-35스텔스전투기〉〈MQ-9무인기〉〈핵잠수함 키웨스트함〉〈핵항모 니미츠호-로널드 레이건호 (CVN-68) 등이다. 이들 무기는 김정은의 오줌을 지리게 만든다는 최 첨단급 전략 자산이다.

당시 미국국방부는 한반도에 전략 자산을 자주 전개하는 것에 대해 "북한 핵-미사일 위협에 강력하고 신뢰성 있는 확장억제를 행동화한다는 미국 정부의 의지와 능력을 보여준 것"이라며 "미 전략 자산 전개와 연계한 연합훈련을 더욱 활성화해 전략 자산의 한반도 상시 배치에 준하는 효과를 달성한 것이나 다름이 없다" 라고 했다. 이런 상황에서 종북 좌파들은 윤석열 대통령의 굳건한 한미일 공조 역할에 대해 '전쟁하자는 건가? 전쟁 부추긴다'라는 말은 겁먹은 똥개가 짖는 행위나 다름없다.

성주기지 사드(THAAD) 배치 정상화

2016년 7월에 성주 사드 배치를 확정하고, 이후 미사일을 들여왔다. 하지만 좌파들의 반대와 중국 반발에 문재인이 눈치를 보느라 방치됐다. 그 결과 '캠프 캐럴(성주 미군기지)' 내 사드 포대가 5년 가까이 환경영향평가조차 하지 못해 미군의 임무 수행 및 근무 여건이 열악했다. 2020년 10월 마크 에스퍼 당시 국방 장관이 한국 대표단을 향해 "동맹국이 동맹국을 대하는 방식과 군이 국민을 대하는 방식이 아니다"라며 "당신의 아들과 딸이 이런 환경에서 살며 일한다면 행복하겠느냐?"라고 분노하며 호통을 칠 정도였다.

그러나 윤석열 정부 출범 이후 상황이 급진전 됐다. 2022년 한미 정상회담 공동성명에서는 빠졌다. 하지만 물밑에서는 사드 기지 정상 논의가 활발했다. 사드 기지 정상화가 한미동맹의 바로미터인만큼 2022년 9월 국방부는 기지 내 한미 양국의 장병들이 임무를 원활히 수행할 수 있도록 그동안 제한된 보급물자-병력-장비 등을 자유롭게 수송할 수 있도록 했다. 게다가 2017년 1차 부지 공여 이후 줄곧 지연됐던 2차 부지 공여(40만 m^2)도 완료해 정상적인 기지 운영 기반도 조성했다.

2023년 6월 19일 사드 배치 6년 만에 처음으로 기지 밖에서 주한미군의 자유의 방패연습과 연계해 사드 원격발사대 전개훈련이 진행돼 사드의 방어 범위를 조정할 수 있는 기회가 됐다고 밝혔다. 2023년 6월 21일 사드 기지에 대한 환경영향평가가 마무리되고 기지 건설을 위한 행정절차가 6년 만에 종결됐다. 종북 좌파가 논란을 부추긴 전자파도 문제가 없다는 결론이 나왔다. 그동안 정상적이지 못한 기지 내 정수시설과 하수처리시설 보강, 장병 숙소 등의 인프라건설이 속도를 내면서 성주 미군기지 내 사드는 완전한 정상을 되찾았다. 이제 북한 핵 도발도 사전에 감지해 요격할 수 있게 됐다.

방산수출 협력체계 구축 'K-방산 세계 2위'

윤석열 정부는 국가안보실 주도로 4.0 민관 합동위원회를 설치해 'K-방산' 수출 지원과 국방혁신을 이끌어나가고 있다. 그 결과 한국산 방산 무기 수출이 엄청난 수요를 창출하고 있다. 실제로 코로나 팬데믹으로 각국의 배타주의가 득세하고, 양안(대만-중국) 관계와 러시아-우크라이나 전쟁 등으로 세계 정세가 악화하면서 각국의 국방에 대한 수요가 급증하고 있다. 특히 러시아의 재래식 무기가 우크라이나 전쟁에서 허접한 것이 드러나면서 K-

방산 수출은 급물살을 타기 시작했다.

　이 또한 윤석열 대통령의 국방외교와 맞물려 'K-방산'의 수출액이 날로 증가하고 있다. 2010년부터 2020년까지 연간 30억 달러(약 4조 원)였던 K-방산 수출액은 2021년 70억 달러(약 8조 9,000억 원)로 두 배 이상 급증했다. 특히 윤 대통령이 집적 외교에 나서면서 2022년은 폴란드에만 170억 달러(약 22조 원)라는 사상 최대 수출 규모를 기록했다.

　한국의 방위산업은 이제 동유럽을 넘어 중동까지 진출을 확대하고 있다. 이미 사우디와 이라크까지도 'K-방산 무기'를 탐내며 대거 수입을 본격화하고 있다. 이는 과거 중동 건설 붐 당시 한국 업체들이 만든 인프라가 여전히 튼튼해 좋은 인상을 남기고 있다. 중동지역에서 유일한 경쟁업체가 중국인데, 중국의 싼 금액으로 무기를 구입했다가 중국 무기에 실망하고 있다. 따라서 이제 중동에서는 허접한 중국 무기를 '똥(dung)' 무기라며 앞다퉈 'K-요격 체계'를 원하고 있다.

세계 군사 무기의
블랙홀이 될 'K-방산'

중국과 러시아도 벌벌 떠는 'K-무기 위력'

국방부가 2024년 10월 1일 국군의 날 행사 퍼레이드를 통해 '현무-5'와 한국형 미사일방어 체계인 'L-SAM' 소개에 이어 K-방산 수출의 상징인 'K-9 자주포', 다연장 로켓인 '천무' 등을 선보였다. 이날 특히 한국의 '현무-5'를 보고 중국이 내린 평가가 가관이다. "한국의 '현무-5'는 우리(중국)가 가지고 있는 ICBM보다 못해, 우리는 ICBM이 있어, 그런데 (현무-5를) 안 썼으면 좋겠다"라고 발작을 일으킨 것이다. 그리고 러시아는 지금 한국 무기가 우크라이나로 들어갈까 봐 벌벌 떨고 있다.

또 동맹국인 미국은 한국이 만든 '현무-5'를 보고, 기술력이 굉장히 좋다. 지나친 '오버 스펙(over-speck)'이라고 평가했다. 그런데 미국평가의 이면을 들여다보면 발사대 차량이 매우 커 사실상 대륙간 탄도 미사일인 ICBM 운영까지 가능할 수 있는 차량으로 보인다는 것으로 해석된다. 실제로 미국에서 말한 오버 스펙은 차량만 봐도 알 수 있는데, 이는 대한민국 정부가 (핵미사일) 미래를 염두에 두고 미리 만들어둔 게 아니냐는 추측이 흘러나오고 있다. 이는 곧 한국이 언제라도 핵탄두로 교체하여 사용할 수 있는 상태로 개발한 것이라 본 것이다.

특히, 영어권 세계 최고 군사 전문 유튜브인 '페런(Perun)'이 스웨덴 정부의 외교정책연구소인 〈**시프리**(SIPRI: Stockholm International Peace Research Institute: 스톡홀름 국제평화연구소)〉가 최근 발표한 국제 군사 자료를 심층 분석한 내용을 짚어본다. 시프리 자료는 무기 주문량을 기준으로 한 것이다.

2014년 2월 20일 러시아가 우크라이나 영토인 크림반도(크리미아반도)를 침공하면서 세계 글로벌 군사 지정학이 요동치기 시작한다. 그 당시만 해도 한국의 무기 수출은 세계 8위(632 TIB)에 머물렀다. 이는 시프리가 개발한 군사무기 거래 단위인 'TIB(트렌스 인디케이터 밸라)'에 따른 순위로 세계가 인정할 만큼 매우 공신력이 있다.

그런데 러시아가 우크라이나를 침공한 2022년 2월 이후 세계 무기 거래 실적을 보면 한국이 2022년과 2023년 연평균 5,494 TIB로 약 10년 전보다 무려 9배가량 증가했다. 따라서 현재까지 한국 K-방산의 무기 수출은 명실공히 미국에 이어 독보적인 세계 2위로 우뚝 올라섰다.

이는 윤석열 대통령의 국방 외교정책과도 깊이 맞물려 있다. 현재 2위인 대한민국 무기 수출은 세계 1위인 미국의 약 25%에 이른다. 그리고 3위인 프랑스의 2.5배, 4위 독일의 3배, 5위 러시아보다는 4.5배가 넘는 놀라운 기록을 세우고 있다. 그리고 6위인 영국부터는 1,000 TIB 이하인 100단위로 매우 저조하다. 특히 201 TIB에 머문 중국을 한국이 27배 이상 앞서면서 명실공히 아시아지역 무기 수출 맹주국임을 자랑한다.

아직 우리가 자랑하는 KF-21은 세계 무기 경쟁 수출 거래의 링에 오르지도 않고 있다. 단지 그동안 수출해 온 육군 기갑이나 방공포, 그리고 MD 방공(미사일방어체제: Missile Defense) 정도만으로도 이렇게 우수한 실적을 나타내고 있다.

세계가 주목하는 K-방산의 매력 포인트

그렇다면 실제로 세계가 주목하는 'K-방산'의 매력이 무엇인지 궁금해진다. 세계적인 군사 전문가들은 대략 다음 7가지를 'K-방산'의 구매 매력으로 꼽는다. **첫째는** 가성비(가격-성능-납기)가 매우 좋다는 것이다. **둘째는** 미국산 제품이 아닌데 국제 기준 나토(NATO) 표준이라는 점이다. 이는 중국산 무기처럼 'K-방산' 혼자서 따로 노는 것이 아니라 미국이나 유럽 무기를 수입했을 때, 'K-무기'와 연동을 할 수 있다는 것이다.

셋째는 'K-무기'를 사용할 경우, 미국과 유럽 등 서방과 함께한다는 신분 증명이 된다. 이를테면 최근 타일랜드가 계약한 중국 무기(잠수함)를 포기하고 'K-무기'를 구매하기 위해 대한민국으로 급히 달려온 것과 같은 맥락이다. 이는 중국과 러시아 무기를 주로 구매하던 동남아 국가들조차 중국이나 러시아에 줄을 섰다가는 멸문으로 들어간다는 것을 알아차린 것이다. 그리고 중동의 이라크까지 'K-무기'에 눈독을 들이면서 이미 MOU 단계에 와 있다. 이라크는 원래 중국 무기를 사다 쓰는 이란에 줄을 선 국가다. 무엇보다 가성비가 뛰어난 'K-무기'를 사용하면 서방과 함께한다는 점이 큰 매력이다.

넷째는 현지 생산 R&D가 매우 큰 장점이다. 이는 (좌파 정부와는 입장이 완전히 다른) 윤석열 정부 입장과도 깊은 연관이 있다. 현재 우리나라 무기의 지적재산권(지재권)은 거의 다 정부가 가지고 있다. 그동안 연구 개발비를 정부가 대주고 있기 때문이다. 그래서 수출하게 되면 지재권 사용료를 대한민국 국방부에 납부하게 된다. 따라서 윤석열 정부는 해외에서의 생산 및 수정, 해외에서의 R&D로 분산해 놓음으로써 'K-무기'를 구매하는 국가는 우리와 동맹국이 된다. 이는 유사시에 우리나라 또는 해외공장이 파괴돼도 서로 연동이 되므로 위험 요인을 크게 줄일 수 있다. 따라서 K-무기는 현지 생산 및 수정 R&D에 대한 장점이 있다.

다섯째는 무기 중립성이라는 위선을 떨지 않는다. 이번에 우크라이나 전쟁에서 대한민국이 폴란드에 수출한 크랩 자주포 차대를 폴란드가 우크라이나에 원조하는 것에 대해 윤석열 정부가 반대하지 않았다. 크랩 자주포의 차대는 우리 것이다. 그리고 튀르키예에 수출한 자주포도 윤석열 정부의 묵인으로 우크라이나로 대량 넘어갔다.

여섯째는 'K-무기'는 육-해-공 및 우주 사이버의 풀세트로 우수한 능력과 장점을 갖고 있다. 따라서 'K-무기' 구매 국가는 원스

톱 쇼핑이 가능하다.

마지막 **일곱째로** 가장 중요한 것은 대한민국 무기에는 진정성이 담겨 있다. 이는 수출용으로 만들어서 팔아먹는 장사치 거래가 아니다. 대한민국이 북한 괴뢰 집단으로부터 살아남기 위해 만든 무기로 앞으로도 계속 진화 발전한다는 것이다. 특히 무기는 계속 연동성이 있어 업그레이드가 매우 중요하다. 한국 무기는 단순한 수출용이 아니라 자기가 살기 위한 필요에 따라 만든 것이므로 계속 진화한다는 믿음이 있다. 따라서 군사 무기 전문가들은 "K-무기'가 향후 미국에 이어 압도적 2위로 굳혀진다"라고 평가한다.

'K-무기' 세계 무기 시장의 '블랙홀?'

현재 'K-무기'가 독보적으로 세계 2위를 차지하고 있다. 하지만 향후 미국까지도 최첨단 무기를 제외한 재래식 무기는 수입을 목표로 한다는 방침을 세우고 있는 것으로 알려졌다. 만약 미국까지 무기 수입국가로 참여하게 된다면 세계 방산시장의 양상은 완전히 달라진다. 거대한 수입국 미국이라는 새로운 시장이 나타나면서 'K-무기'는 날개를 달 수 있다.

그동안 세계 무기 시장에서 큰손 노릇을 해온 '인도-사우디아

라비아-이집트-동유럽’ 등이 주도하던 무기 시장의 클래스가 완전히 달라진다. 미국의 주된 무기 수입국은 대한민국이 될 수밖에 없다. 특히 동맹국으로서 대한민국의 무기는 대부분 미국으로부터 기술을 배우거나 구매하거나 표절했기 때문이다. 그리고 무엇보다 ‘K-무기’가 이제는 독일-프랑스-영국 등 서방 선진국의 수준을 다방 면에서 뛰어넘고 있다.

일부 (섣부른) 군사 무기 전문가들은 대한민국이 뛰어난 실력으로 지금과 같이 계속해서 좋은 무기를 생산하면서 ‘K-방산’을 잘 주도해 나간다면 전 세계가 ‘K-무기’ 생산 R&D에 뛰어들게 될 것이라고 예상한다. 이 경우 대한민국의 K-방산은 세계 무기 시장을 휩쓸면서 ‘K-무기 블랙홀 시대’를 열어갈 수 있다는 전망까지 나오고 있다. 특히 이들 전문가는 “K-무기가 나토(NATO) 표준인 데다 한미동맹이란 굳건한 터전이 뒷받침되고 있다”라며 “K-방산이 세계 무기의 블랙홀이 된다면, 웬만한 오페크(OPEC) 국가의 기름 생산 수익보다 나을 수 있다”라고 전망한다.

尹 정부, 한미 양국 핵심기술 경제협력 강화

2022년 한미 정상회담에서 양국은 핵심-신흥 기술을 보호하고 진흥하기 위한 민관협력을 강화하기로 합의했다. 구체적으로는 첨단 반도체, 친환경 전기차와 배터리, 인공지능, 양자 기술, 바이오 기술, 바이오 제조, 자율 로봇 분야를 거론했다. 한미 양국은 이들 분야에서 전문인력 간 인적 교류에 대한 적극적 지지를 재확인했다.

또한 반도체, 배터리, 핵심 광물 등 주요 품목의 회복력 있는 공급망 촉진을 논의하기 위해 정례적으로 장관급의 '공급망-산업 대화' 기구를 설치하기로 했다. 선진기술의 사용이 한국의 국가안보와 경제 안보를 침해하는 걸 예방하기 위해 필요한 핵심기술 관련한 해외 출자심사 및 수출 통제 당국 간 협력 제고에도 뜻을 같이하기로 했다.

이밖에 윤석열 정부는 미국 외에 일본-호주-영국 등과의 공조 강화, 유엔군 사령부 활성화, 국방 백서 '북한 주적' 표현 부활, 전략사령부 창설, 국가정보원의 공공분야 중국산 IT 장비 전수조사, 병역의무자 처우개선, 군수품 보급 다양화 등을 추진키로 했다. 이로써 윤석열 정부는 문재인 때 격하하고 소외시킨 대한민국을 다시 굳건히 세우고 있다.

국군의 날 'K-무기'에 세계가 놀랐다!

이번 국군의 날 행사에 처음 공개된 사거리 5,000km 이상, 우리 군의 초정밀 고위력 탄도미사일인 '현무-5'와 한국형 미사일 방어 체계인 'L-SAM' 소개에 이어 K-방산 수출의 상징인 K-9 자주포, 다연장 로켓인 천무 등을 선보였다. 이로써 대한민국 방위산업을 자랑하는 'K-무기'에 세계가 놀라움을 금치 못했다.

이날 국방부(김용현 장관)는 미국의 초음속 전략 폭격기 'B-1B'를 소개하면서 "군이 차세대 핵심 무기와 미군 전략 자산을 선보이는 데 그친 것이 아니라, 윤석열 대통령이 직접 북한의 도발을 즉각 응징할 것"이라며 대한민국은 북한의 어떠한 도발에도 굴하지 않고 반드시 응징한다는 강한 자신감을 드러냈다. 이에 북한이 발악하는 모습을 보였다.

그러나 좌파 종북 세력은 윤석열 대통령이 안보 이슈를 부각해 지지층을 결집하려는 행보로 분석된다고 비난했다. 특히 윤 정부의 2년 연속 시가행진은 전두환 정권 이후로는 40년만으로, 군사 정권 시절의 잔재라는 지적과 예산 낭비라고 주장했다. 특히 좌파 매체 MBC는 공식 유튜브 채널 내 섬네일(thumbnail·인터넷에 게시된 견본 이미지)에 국군의 날 행사를 '병정 놀음', '군부 연상'

등의 저속한 표현으로 비난했다.

특히 MBC가 국군의 날 기념식조차 중계하지 않고, 그 시간에 예능프로그램 재방송을 내보냈다. 공영방송의 이런 행위는 정상이 아니다. 더구나 저녁 종합뉴스 시간에도 국군의 날 행사 자체에 대한 사실 전달은 외면하고, 정치성이 짙은 비판 기사들을 강조해서 보도한 것은 결코 올바른 보도 태도라 할 수 없다. 무엇보다 팩트와 공정이라는 기본에 충실해야 한다는 언론의 기본조차 무시한 태도를 보였다. MBC는 김정은이 오줌 지리는 걸 가장 싫어하는 방송 매체이다.

카덱스(KADEX) 'K-방산 위상 높였다'

육군 예비역 단체 육군협회가 주최한 국제 방위산업 전시회 'KADEX 2024'가 계룡대에서 국군의 날 행사 다음 날인 2일 개막해 6일 막을 내렸다. 김용현 국방부 장관은 개막식에서 "K-방산은 뛰어난 실전성과 후속지원 능력, 운용훈련 및 맞춤형 전술에 이르는 '패키지화'로 요약된다"라며 "한국 방위산업 역량을 확인하는 자리가 되길 바란다"라고 강조했다.

전시회에는 365개 업체가 참여해 1,432개 부스를 차렸다. 세계 최대 방산업체 미국 록히드마틴을 비롯한 외국 14개국 21개 업체와 국내 대표 방산기업 한화에어로스페이스, 현대로템, LIG넥스원 등이 참여했다. 또 7개국 국방부 장관, 17개국 참모총장급 인사 등 27개국의 46개 대표단이 참여하면서 전시회장은 개막 첫날 오전부터 군과 방산업체 관계자, 해외 구매자들의 발걸음이 이어졌다.

특히 대규모 부스를 꾸린 '풍산', '한화에어로스페이스', '현대로템', '한국항공우주(KAI)' 전시장에 각 군 대표단의 방문이 잇따랐다. 한화 부스를 찾아 무장헬기용 공대지 미사일 '천검'의 비가시선 사격 기술 시뮬레이터를 체험한 그리스군의 한 장성은 "전시와 무기체계 체험전시가 무척 체계적이고 이해하기도 쉽다"라며 "그리스군에게 필요한 기술이 있는지 각 부스를 돌아다니면서 설명을 듣고 있다"라고 말했다.

이날 '카덱스(KADEX) 2024'가 전 세계를 향해 강력한 글로벌 지정학적 안보 메시지를 발하며 K-방산 위상과 국격을 높였다. 한반도 긴장이 높은 가운데 K-무기가 급발전을 하고, 세계적으로는 우크라이나 전쟁, 이스라엘의 가자 전쟁, 레바논 헤즈볼라, 이란과 이스라엘, 후티와 이스라엘의 분쟁이 계속 가열되고, 특히 중국의 대만 침공 및 글로벌 안보 위협으로 분쟁과 전쟁이 이어지는 와중에 한국의 카덱스(KADEX) 전시회가 굉장한 파문을 일으킨 것이다.

참석한 군사 무기 전문가들은 이번 전시회가 준 강한 메시지는 "전 세계가 한국의 우수한 무기를 주목하는 계기가 됐다"라면서 "중국과 러시아가 강대국이라고 우쭐대며 대한민국을 잘못 건드리면 '줄초상'이 날 수 있다는 안보 및 경고를 보내기에 충분했다"라고 평가했다. 특히 국방부 초청으로 전시회에 참석한 영어권의 군사 전문 유튜브 '페런(Perun)'이 활약을 하면서 대한민국의 K-방산을 누구보다 소상하고 깊이 있게 소개해 눈길을 끌었다.

페런은 "왜 러시아가 살벌하게 한국을 협박하는 것일까? 왜 한국이 우크라이나에 무기를 공급하는 것에 대해 질겁을 하는 것일까?"라는 질문을 던진 뒤 "이는 한국만이 우크라이나에 대량으로 무기를 보낼 수 있기 때문이다. 따라서 이런 러시아를 바라보는 세계 각국은 이번 카덱스를 통해 한국을 다시 바라보는 계기가 됐다"라고 설명한다. 또 러시아가 한국을 우려하면서 그토록 집착하는 것이 바로 한국의 방위산업 무기가 굉장히 뛰어나기 때문이다. 세계는 이제 한국을 잘못 건드리면 패가망신할 수 있다는 것을 러시아의 한국 집착을 통해 명확히 보여주는 것이라고 강조했다.

유튜브 페런과 같은 인식이 전 세계로 퍼져나간다면 대한민국의 위상이 높아지게 된다. 그리고 한국의 방산 수출은 물론 중국과 같은 덩치만 큰 바보들도 대한민국을 새롭게 보는 시각을 가지게 된다. 이미 중국도 K-방산의 위력을 잘 알고 있다. 결론적으로 이날 충남 계룡대에서 열린 'KDEX-24'가 대한민국의 안보와 군사 위상에 엄청난 홍보를 한 것이다. 실제로 전문가들은 대한민국 방산은 이번 카덱스에서 K2전차, K-9 자주포, 신형 드론, 전자전 시스템, 기아보병차량, K239천무 등을 통해 향후 수년간 한국이 글로벌 군사분야의 핵심 플레이어가 될 것이라는 전망을 내놨다.

한반도 통일 발판 굳힌
8·15 통일 독트린

尹 대통령 '자유민주주의 통일 전략 구체화!'

윤석열 대통령은 2024년 8월15일 제79주년 광복절을 맞아 '8·15 통일 독트린'을 발표했다. 우리 정부의 공식 통일 방안인 '민족공동체통일방안'의 골간은 유지한 채, 우리가 추구할 미래 통일상과 이를 달성하기 위한 추진 전략을 보완한 것이다.

윤석열 대통령은 이번 통일 독트린을 통해 미래 통일상으로 자유 통일 대한민국의 달성을 분명히 제시했다. 특히 시대적 변화와 현실을 고려한 통일 추진 전략을 담아냈다. '자유통일을 위한 도전과 응전'이라는 부제를 달고 발표된 통일 독트린은 '3대 통일 비전'과 '3대 통일 추진 전략', '7대 통일 추진방안'의 3-3-7 구조로 구성됐다.

여기에는 3·1운동과 상해임시정부 수립, 1945년 광복, 1948년 대한민국 정부 수립, 1950년 6·25전쟁, 지금까지의 성장과 번영을 관통하는 근본 가치는 '자유'라는 개념이 자리 잡고 있다. 아울러, 우리에게 남겨진 미완의 과제는 통일이며, 우리가 누리는 자유가 북녘땅으로 확장될 때 완전한 광복이 구현될 것이라는 인식이 깔려있다.

윤석열 대통령은 광복절 경축사를 통해 "분단 체제가 지속되는 한, 우리의 광복은 미완성일 수밖에 없다"라며 "한반도 전체에 국민이 주인인 자유 민주 통일 국가가 만들어지는 그날, 비로소 완전한 광복이 실현되는 것"이라고 강조했다.

이는 최근 광복절·건국절 논란과 관련해 윤석열 대통령이 나름의 답을 내놓은 것으로도 풀이된다. 대한민국의 건국은 어느 특정 시점으로 정할 수 없고, '대한민국의 영토는 한반도와 그 부속도서로 한다'라는 헌법에 입각해 통일 시점이 건국일이 된다는 것을 인식한 것으로 보인다.

요컨대 광복과 건국은 자유민주주의 통일로 완성될, 현재 진행형이라는 의미가 담긴 것이다. '3대 통일 비전'은 ▲ 자유와 안전이 보장되는 행복한 나라 ▲창의와 혁신으로 도약하는 강하고 풍요로운 나라 ▲세계평화와 번영에 기여하는 나라로 구성됐다.

여기에는 우리가 추구하는 미래 통일대한민국의 모습이 담겼다. 그리고 이를 추진하기 위해 국내·북한·국제 차원의 '3대 통일 추진 전략'이 발표됐다. 국내 차원에서는 자유 통일을 추진할 자유의 가치관과 역량 배양을 내세웠다. '우리 안의 자유를 굳건히 해야 자유민주주의 통일 주도가 가능하다'라는 인식 아래 자유사회를 교란하려는 반자유 세력, 반통일 세력의 허위 선동에 맞서 싸워야 한다는 과제가 제시됐다.

윤석열 대통령은 경축사에서 '사이비 지식인'과 '선동가'를 "우리의 앞길을 가로막는 반자유 세력, 반통일 세력"이라고 지칭하고 "우리 국민이 진실의 힘으로 무장해 맞서 싸워야 한다"라고 촉구했다. 앞서 윤 대통령은 지난해 광복절 경축사에서도 "공산전체주의를 맹종하며 조작 선동으로 여론을 왜곡하고 사회를 교란하는 반국가 세력"을 거론했는데, 올해 경축사에서는 '반국가 세력'을 '사이비 지식인'과 '선동가'로 구체화한 것이다.

북한 정권을 직접 겨냥하지는 않았지만, 가장 민감하게 반응하는 인권과 외부 세계의 정보 유입을 강화한다는 전략도 담았다. 대북 차원의 통일 추진 전략으로는 북한 주민들의 자유 통일에 대한 열망을 촉진하기로 한 대목이다.

부강하고 매력 넘치는 대한민국의 모습을 북한 주민, 특히 청년들이 잘 알게 해 통일을 동경하게 한다는 것이다. 이를 위해 북한 인권 담론을 확장하고, 북한 인권 개선을 위한 노력을 다차원적으로 경주하는 한편, 실질적 남북대화를 통해 경제협력, 인적 왕래, 인도적 현안, 비핵화 등 모든 사안을 논의할 용의가 있음을 밝혔다.

국제 차원에서는 자유 통일 대한민국에 대한 국제적 지지를 확보해 나가기로 했다. 우리의 통일이 자유와 인권의 보편가치를 확장하는 과업이자, 세계 평화와 번영에 기여할 것이라는 국제사회의 믿음과 지지를 확보해 통일에 대한 공감대를 형성하겠다는 전략이다.

3대 통일 추진 전략을 실현하기 위한 '7대 통일 추진 방안'으로는 ▲통일 프로그램 활성화 ▲북한 인권 개선을 위한 다차원적 노력 전개 ▲북한 주민의 정보접근권 확대 ▲북한 주민의 생존권 보장을 위한 인도적 지원 ▲북한이탈주민의 역할을 통일 역량에 반영 ▲남북 당국 간 대화협의체 설치 ▲국제 한반도 포럼 창설이 제시됐다.

세부 계획으로는 청년 세대가 미래 통일상을 체험할 수 있는 첨단 현장형 통일 교육 프로그램 제공, '북한 인권 국제회의'를 통한 북한 인권 담론 확산, '북한 자유 인권 펀드' 조성을 통한 북한 주민의 자유·인권을 촉진하는 민간 활동 지원 등의 내용이 담겼다. 7대 통일 추진 방안 중 ▲북한 주민의 생존권 보장을 위한 인도적 지원 ▲남북 당국 간 대화협의체 설치는 북한 당국의 호응이 필요한 사안이다.

김태효 국가안보실 1차장은 용산 대통령실 브리핑에서 "북한 당국의 호응을 기다리겠다"라며 "당장 호응이 오지 않더라도 나머지 5개 통일 추진 방안은 우리가 주도적으로 추진할 수 있는 내용들로, 통일은 시간이 걸려도 인내심을 갖고 준비하고 노력해야 할 과제"라고 강조했다.

尹 대통령 보좌하는
외교 및 안보팀 정신 차려라!

몰락의 길에 선 북중러의 '각자도생'

2022년 2월 러시아가 우크라이나를 침공할 때만 해도 북중러는
끈끈한 동맹으로 호기롭게 출발했다. 이는 러시아가 빠르면 6개
월, 늦어도 1년이면 서방 유럽(나토동맹)으로 가려는 우크라이나
를 항복시키고 자국 편으로 끌고 올 수 있다고 믿었다. 그러나
그런 믿음은 완전한 오판이었다. 러시아가 오히려 궁지에 몰리면
서 북중러는 지금 각자도생의 길에서 최후 발악을 하고 있다. 이
를 쉽게 표현하자면, 러시아 푸틴은 경제 폭망으로 생사기로에
몰려있고, 북한은 이판사판인데, 중국은 닭 쫓던 개처럼 지붕만

쳐다보고 있는 형국이다. 게다가 트럼프가 당선됐으니 중공의 수괴 시진핑은 진짜로 죽을 맛이다.

러시아 푸틴의 불쌍하고 가여운 모습

러시아가 보무도 당당하게 우크라이나를 침공한 뒤 2년 반이란 세월이 흐른 지금 푸틴은 생사기로에 섰다. 얼마나 다급했으면, 푸틴이 6월 13일 천하의 양아치 독재자 북한 김정은을 찾아가 머리를 조아리면서 야밤에 밀실 야합을 했겠는가. 대국 러시아의 차르 행세를 하는 푸틴이 발톱의 때만도 못하게 여기던 김정은을 찾아가 포탄 수백만 발을 약속받고 북한 용병 지원까지 받아낸 것이다.

지금 러시아는 실질적으로 경제적인 파탄에 군사 파탄까지 거의 사경을 헤매고 있다. 푸틴은 그 알량한 자존심 때문에 말을 꺼내지 못하고 있지만 전쟁을 끝내고 싶은 마음은 누구보다 간절하다. 그러나 전쟁을 끝낸다고 해서 푸틴에게 돌아올 건 아무것도 없다. 러시아를 파탄지경으로 내몬 대가는 푸틴의 죽음뿐이다.

게다가 트럼프의 당선으로 유가가 떨어지면 러시아 경제는 더욱 어려워지면서 푸틴도 전쟁을 끝내지 않을 수 없다. 오늘 러시아의 푸틴이 이 지경에 이른 것은 국제정치의 지형을 제대로 읽지 못한 독재자의 오만과 독선 때문이다. 또 이는 어느 국가이든 독재자가 망하는 가장 큰 이유다. 푸틴이 집권하면서 경제가 좋아지자 슬슬 몸을 풀기 시작했고, 2014년 1차로 우크라이나 영토 돈바스와 크리미아반도를 침공하면서 기세를 올리더니 마침내 2022년 우크라이나 본토를 공격했다.

현재 우크라이나 전황은 예상외로 팽팽하다. 하지만 그동안 러시아는 경제 파탄은 물론이고 100여만 명의 사상자를 내면서 완전한 궁지에 내몰리고 있다. 그러나 우크라이나는 미국을 비롯한 서방의 지원으로 잘 버티고 있다. 전쟁 피로도도 누적되고 이번 미국 대선에서 필자가 예상한 대로 트럼프가 당선됐으니 우크라이나 전쟁은 오래 이어지지 않을 것이다.

푸틴은 전쟁 실패 책임을 지고 권좌에서 물러나면서 비참한 말로를 맞게 될 것이다. 이는 러시아 재정이 파탄 났고, 젊은 청년이 엄청나게 죽어 나갔기 때문이다. 게다가 동유럽의 러시아 주변 국가 중에 특히 폴란드가 K-무기로 중무장했다. 그리고 체코와 슬로바키아 등이 러시아의 침공에 대비해 국방력을 강화하고 있다. 무엇보다 오랫동안 중립을 유지하던 북유럽의 핀란드와 스웨덴이 나토에 가입하는 살벌한 일들이 벌어졌다.

하지만 푸틴은 사라져도 러시아는 건재하다. 왜냐하면 누가 권좌에 오르던 러시아는 엄청난 지하자원이 있다. 게다가 최고 권력자가 서방과 다시 손을 맞잡으면 된다. 러시아는 마음만 먹으며 서방과 함께 번영을 누릴 수도 있다. 러시아는 푸틴만 죽이면 살아날 수 있다는 것이 바로 '러시아의 플랜 B'이다.

트럼프 당선 '김정은의 플랜 B' 작동할까?

김정은이 생사의 두 갈래에서 어느 길을 선택할 것인가는 전적으로 김정은 자신에게 달렸다. 하나의 길은 푸틴처럼 김씨 일가를 포함한 평양 세력이 처참하게 몰락하는 것이다. 이미 북한은 경제적 한계에 와 있다. 특히 올여름 유례없는 폭우로 농사까지 망치면서 내년 봄 춘궁기를 버티기가 어렵다는 것이 북한 전문가들의 진단이다.

게다가 김정은이 러시아에 북한 군인을 용병으로 파견함으로써 자신이 죽을 자리를 판 것이다. 물론 김정은 스스로 피할 수 없는 선택이기도 하지만 돌이킬 수 없는 결정을 내린 것이다. 김정은의 북한군 러시아 파병은 미국을 비롯한 서방으로부터 용서받기가 어렵다. 미국은 이미 한국과 일본에 김정은을 죽일 무기를 배치했다. 하늘의 암살자 MQ-9을 비롯한 F-35를 준비해 놓고 있다. 언제든지 미국 대통령의 결정만 내리면 김정은은 쥐도 새도 모르게 지구상에서 사라지게 된다.

그러나 김정은에게도 '플랜 B'가 있다. 2018년과 2019년 김정은이 트럼프와 두 차례 회담을 하면서 망명 제안을 받은 적이 있다. 이제 트럼프가 당선됐으니 김정은이 망명할 운신의 폭이 더 넓어진 셈이다. 김정은이 마음만 먹으면 트럼프 행정부를 상대로 핵을 내려놓고 김씨 일가가 살만하고 안전하며, 국제사법재판소의 반인류 범죄 소추로부터 피난처가 될 수 있는 미국령 버진아일랜드로 망명하면 남은 인생을 즐길 수 있다. 바로 이것이 김정은의 '플랜 B'이다.

김정은이 만약 명망의 길을 선택할 경우, 남한의 자유 우파 당국과도 엄청난 딜(deal: 거래)을 할 수 있다. 북한 정권이 가지고 있는 지난 76년간의 남한에 관한 1급 비밀을 모두 넘겨주면서 엄청난 금액을 요구할 수 있기 때문이다. 그래서 지금 더불어민주당이 윤석열 대통령을 끌어내리려고 발작하는 것이다. 이것이 현실이 되면 대한민국에는 경천동지할 일들이 일어난다.

중공 수괴 시진핑 앞날은 몰락뿐이다!

중공은 우크라이나 전쟁에 러시아 편을 듦으로써 전략적인 패배를 당한 것이다. 중국의 러시아 지원으로 유럽이 완전한 반중으로 돌아섰다. 이미 유럽은 10월 30일 중국산 전기차에 45.3%의 높은 관세를 부과했다. 중국은 미국이 주도하는 신냉전에서 살아남으려면 반드시 유럽과 우호적 관계를 유지해야 한다. 그런데 현재 유럽의 관점은 중국을 러시아 침공의 배후 또는 공범으로 생각하고 중국을 완전히 버린 것이다.

실제로 중국은 엄청난 양의 러시아 석유와 가스를 구매하면서 푸틴을 지원하고 있다. 따라서 유럽연합은 물론이고 영국과 미국까지도 반중으로 돌아섰다. 유럽을 상실한 중공 시진핑은 미국의 신냉전에 대항할 힘을 완전히 잃어버렸다. 이제는 새로 등장한 미국 정부가 중공의 수괴 시진핑을 때리면 때리는 대로 얻어맞으며 서서히 몰락할 수밖에 없다. 유럽이 미국과 함께 가고, 한미일 공조가 완벽하게 완성됐기 때문이다.

무엇보다 과거 '악의 축(the axis of evil)'으로 불리던 흉악한 국가들이 모여 '크링크(CRINK: 중국-러시아-이란-북한)'를 형성하고 있다. 이들은 한결같이 전쟁을 시도하려는 거악(巨嶽)의 국가들이다. 러시아는 우크라이나 침공, 중국의 대만 침공 위협, 이란의 하마스 이스라엘 침공, 북한 김정은이 남한 침공을 위협하는 전쟁광들이 모인 국가가 '악의 축'이다. 그리고 중국이 바로 '크링크'라는 조폭 세계의 두목 행세를 하고 있다. 현재 이들은 모두 몰락의 길에 서 있다. 조폭 두목 격인 중공 시진핑이 러시아의 형 노릇, 양아치 행동대원 북한의 두목 노릇, 그리고 이란을 통해 중동을 쥐락펴락하려는 환상에 빠져 있었다. 하지만 모든 게 물거품이 된 것이다.

따라서 대한민국의 외교정책 및 안보정책을 펴나가는 엘리트라면 이 정도 통찰력은 가지고 윤석열 대통령은 보좌해야 한다. 그렇다면 어떻게 할 것인가? 먼저 좌고우면할 것도 없이 윤석열 대통령에게 우크라이나에 K-무기를 대폭 지원하도록 조언하라. 시간이 없다. 김용현과 신원식은 '즉강끝(즉시 강력하게 끝까지)'이라고만 큰소리치지 말고, 우크라이나에 즉시 강력한 무기를 지원하도록 윤석열 대통령에게 건의하라.

그리고 윤석열 대통령이 대한민국에서 만연하며 날뛰고 있는 친중 세력과 친러 세력에 휘둘리지 않도록 보좌하라. 특히 친중 세력에 기대어 국정을 펼치면 반드시 엄청난 대가를 치러야 한다.

무엇보다도 트럼프가 집권하게 되었으니 친중은 금기다. 윤석열 대통령은 친중정책을 피하면서 트럼프 행정부에 '(미국 너희가) 대한민국의 도움이 없이 중국을 이길 자신이 있느냐'라는 시그널을 끊임없이 보내야 한다. 트럼프 대통령도 윤석열 정부와 문재인 정부가 북한을 바라보는 시각이 크게 다르다는 것을 알고 있다. 그리고 트럼프와 윤석열 대통령은 자유민주주의를 신봉하고 있다. 따라서 트럼프 대통령과 윤석열 대통령의 코드가 굉장히 잘 맞을 것이기 때문에 한미동맹은 걱정할 필요가 전혀 없다.

이명박-박근혜 정부 외교관들의 치명적 실책이 '미-중 등거리' 외교를 주장한 친중 정책이었다. 아직도 우리 대한민국 지식인의 80%가 여전히 친중 마약에 취해 깨어나지 못하고 있다.

그런데 우리는 대한민국 5,000년 역사에서 가장 축복받은 것을 하나 꼽으라면 주저없이 '중국의 몰락'이라고 말할 수 있다. 중국이 부흥하면 우리는 중국의 속국이나 다름없는 푸대접을 받아야 한다. 이는 역사가 말해주고 있다. 최근에도 중국이 부흥하면서 우리에게 보인 태도는 정말이지 안하무인이었고 참을 수 없을 정도로 굴욕적이었다.

대한민국의 머저리 친중 인사들은 2008년 미국발 '서브프라임모기지 사태(Subprime Mortgage Crisis)'가 일어났을 때, 중국이 미국을 짓밟고 패권국이 될 것이라고 떠들었다. 우리가 중국을 높이면 높일수록 중국은 대한민국을 업신여겼다. 특히 문재인이 시진핑에게 머리를 조아리면 조아릴수록 중국 시진핑의 오만함은 하늘을 찔렀다. 2016년 7월 성주 미군기지 사드 배치로 문제로 시진핑 정부가 '한한령(限韓令)'을 내리고 롯데를 작살낸 것을 똑똑히 목격했다. 현대자동차도 더러운 맛을 봤다. 삼성은 눈치 빠르게 잘 처신했다.

우리 정부는 중국과 러시아 눈치 볼 것 없이 우크라이나에 K-무기를 대폭 지원해야 한다. 이미 주적 북한 김정은이 러시아에 수백만 발의 포탄을 지원하고, 용병까지 파견하고 있다. 이는 북한이 서방 국가들과 전쟁을 선포한 것이나 다름이 없다. 우리도 우크라이나를 지원하는 유럽과 당당하게 보조를 같이 해야 앞으로 유럽 시장을 개척하는 데 엄청난 도움이 될 수 있다. 머무적거리다 화끈함을 보여줄 기회를 상실한다면 줄 것 다 주고도 대접받지 못하는 우를 범할 수 있다.

무엇보다 러시아에도 과감한 본때를 보여주어야 한다. 이미 러시아는 재정이 파탄 나고 있다. 전쟁이 끝나면 허접한 삼류국가로 전락할 수밖에 없다. 그런 러시아의 공갈 협박에 굴하지 말고 과감하게 우크라이나를 도와야 한다. 지금 우크라이나를 돕고 있는 유럽 국가들이 6·25전쟁 때 상당수 나라(영국-그리스-이탈리아-프랑스-네덜란드-룩셈부르크 등)가 참전해 대한민국을 도왔다는 점을 명심해야 한다.

지금 자유민주주의 대한민국이 아름답고 찬란한 은빛 미래를 꿈꾼다면 세계적인 양아치 국가 북중러가 처한 저물어가는 처참한 상황을 제대로 통찰하면서 자유 통일 한반도를 준비해야 한다. 따라서 외교 및 안보 정책 담당자들의 올바른 인식과 선택, 그리고 열린 안목을 갖고 윤석열 대통령을 보좌하라.

특히 주중국 대한민국대사 '정재호'는 명심하라. 당신이 친중정책을 표방한다면 대한민국은 위험하다. 정재호 대사 이후 윤석열 대통령이 점점 친중으로 기우는 모습을 보이고 있어 걱정이다. 지금 2기 트럼프 행정부는 중국을 가장 혐오하는 인사들로 내각을 구성하고 있다. 한결같이 사악한 중국을 미국의 적으로 규정하고 있다. 이제 중국의 시간은 얼마 남지 않았다. 대한민국 외교 전문가가 이 정도의 현실을 올바로 인식하지 못다면 국민과 나라를 위해 빨리 하산하라.

2장
한동훈의 정체를 말한다!

한동훈에게 적절한 워딩은 서양 속담이 걸맞은 듯하다.
'Don't judge a book by its cover!'
겉모습 보고 사람을 판단하지 말라!
우리가 아는 한동훈의 '겉과 속'은 다르다.
그 정체를 바로 알기 위해 이 글을 쓴다.
한동훈이 우리가 본 그 사람일까?
아니다. 그는 '자기과시'의 끝판왕이다.
'엘리트 검사!' '조선 제일의 검!'
모두가 환상일 뿐이다.
그는 알면 알수록 위선에 가려 있다.
진짜 그가 두렵다.

한동훈 아버지 한무남 씨는
'악덕기업 대표'

한동훈의 어린 시절과 성장 과정

한동훈 아버지 한명수(2004년 작고: 호적상 본명은 한무남: 이하 한무남) 씨는 일제 강점기인 1940년 강원도 춘천 출생으로 춘천고등학교(32회)를 졸업했다. 한무남 씨의 한 가지 흥미로운 점은 호적상 이름 한무남과 실제로 사용하는 이름(한명수)이 다르다는 것이다. 한무남 씨는 춘천여고를 졸업한 허수옥 씨와 결혼해 슬하에 남매를 두었다.

한동훈은 1973년 4월 9일 생으로 두 살 위인 누나와 춘천에서 태어난 것으로 알려졌다. 한동훈은 아버지를 따라 초등학교 저학년 시절을 충북 청주에서 보냈으며, 5학년 때 아버지가 청주공장에서 서울로 자리를 옮기면서 가족이 서울 서초구 잠원동으로 이사한다. 그리고 서울 신동초등학교로 전학한다.

한동훈은 1986년 경원중학교로 진학했다. 중학교 재학 내내 학업성적은 우수했다. 그리고 3년 뒤인 1989년 서울 강남구 압구정동의 현대고등학교(5회)로 진학한다. 지금은 글로벌 자율형 사립고이지만, 한동훈이 다닐 때는 주변에 거주하는 학생이 무작위로 배정받는 일반고였다. 압구정 현대아파트 등 부유층과 의사 변호사의 자녀가 많기로 소문났다.

그리고 서울대 법대 92학번으로 입학한 후 고시를 준비하는 평범한 학생으로 대학 생활을 보냈다. 대학 교정에서 만난 여성이 지금의 배우자 진은정 씨이다. 진은정 씨는 대검 공안부장과 대전고검장을 지낸 진형구 씨의 딸이다. 한동훈은 대학 2학년 때 사법학과와 공법학과로 분리되는 과정에 성적에 밀려 공법학과로 가면서 깊은 좌절을 맛보게 된다.

그러나 이를 계기로 절치부심한 결과, 대학 4학년 때인 1995년 약관 23세에 사법시험(제 37회)에 합격한다. 동기들보다 먼저 사시에 합격해 두세 살 어린 나이에 검사로 출발한다. 법무장관시절

검찰총장을 지낸 이원석이 동기이지만 한동훈이 네 살이나 어리다. 군법무관을 마치고 검찰로 복귀한 그는 검찰 내부에서도 1% 정도에 해당하는 엘리트 검사로 서울 지검에서 출발한다.

아버지 한무남 '악덕 외자기업 AMK 대표'

1960년대 당시 강원도 춘천은 전국에서 대표적인 낙후지역이었다. 1968년 국가시책으로 강원도 춘천시 후평동에 국가산업단지를 조성한다. 이는 춘천을 산업화 공단지역으로 만들겠다는 야심찬 국책사업이었다. 초기에 여러 가지 여건으로 기업들이 제대로 뿌리를 내리지 못해 문제가 많았다. 그런데 1987년 '한국어플라이드마그네틱스(AMK)'이라는 외자기업이 들어오면서 상황이 달라진다. AMK는 미국 다국적 기업인 AMC가 직접 100% 투자한 기업으로 충북 청주, 서울 구로, 그리고 강원 춘천에도 공장을 설립하면서 비로소 춘천 후평 국가산업단지는 활기를 띠기 시작한다.

AMK는 한때 7,000여 명의 직원을 고용한 노동집약적 산업이었다. 주로 미국 IBM의 컴퓨터에 들어가는 작은 부품을 만드는 회사인 AMK가 출발할 당시 한동훈의 아버지 한무남 씨가 대표를 맡고 있었다. 그리고 한동훈의 작은 아버지 한이남 씨는 춘천

공장의 공장장을 맡았다. 특히 외국인 투자기업이었던 AMK가 처음에는 임금 수준도 높은 편이고 노동 여건도 한국기업보다는 나아 노동자들에게는 선망의 대상이기도 했다. 그러나 좋은 직장으로 알려진 춘천 AMK의 임금은 갈수록 낮아져 1980년대 말에는 잔업을 해야만 최저임금에 도달할 수 있었다. 노동강도도 높고, 노동 탄압 또한 극심했다.

한동훈의 아버지가 이끄는 AMK는 출발한 지 불과 2년 만인 1989년도부터 한국기업 수준으로 떨어진다. 그러면서 저임금에 기반해 이윤을 창출하는 열악하고 악랄한 기업의 대명사가 된다. 그 후 저임금으로 노동자의 피와 고름을 짜내 이윤을 창출하는 것도 모자라 노동자를 물리적 정신적으로 탄압하는 대표적인 악덕기업으로 변모한다. 일례로 1989년 한국의 최저임금이 4,800원으로 책정된다. 그러자 AMK는 높아진 최저임금으로 급여가 늘어나자 보너스(상여금)와 호봉을 줄이는 방식으로 노동자 임금을 착취하는 기업으로 전락한다.

AMK 춘천공장 노동자 '피맺힌 절규!'

AMK 춘천공장의 꼼수 저임금에 반대해 문제를 제기한 여성 노동자들이 사측의 비열한 임금 탄압을 알리는 유인물을 돌리면서 노동자와 사용자 간의 대립과 갈등이 심화된다. 1989년 2월 당시 언론에는 한동훈 아버지가 대표로 있던 AMK의 저열한 행태를 고발하는 글이다. 당시 언론에는 〈최저임금제 시행되자 호봉 깎은 미국인 기업〉〈최저임금 달라는데 무급정직, 강제사직이 웬말인가〉라는 AMK의 악덕성이 쏟아져 나왔다. 그런 상황에서 일부 노동자가 해고되고 회사의 강경한 태도에 맞서지 못하는 조직력의 한계를 보이면서 일부 노동자만 피해를 보게 된다.

한동훈의 작은 아버지가 책임자로 있던 춘천공장에서는 피해 여성 노동자 성주애가 공장장 '한이남'을 상대로 가처분 신청서를 제출한다. 당시 언론에 보도된 여성 노동자 성주애의 글이다. "저는 현장 친구들에게 〈불순세력이다〉〈배후조종세력이다〉〈사생활이 복잡하다〉〈빨갱이다〉라는 거짓 선전 선동을 당한 것도 억울한데, 순진한 동료 노동자를 회유해 저를 현장에서 끌어내는 악랄한 행동을 했다." 성주애는 명령불복종, 선전선동, 무단이탈이란 사유로 30일간 무급 정직을 당했다. 이어 60일 무급 정직 처분을 당하는 등 노동자 생존권마저 박탈당한다.

또 성주애와 함께 한 동료 손미애도 비슷한 탄압을 당했다. 손미애는 "저는 상상하기 어려운 비열하고 악랄한 수법으로 강제사직을 당했다. 월요일 제가 또 출근할 것으로 예상한 AMK측은 원주의 제 본가에 찾아가 사정도 모르는 부모님께 〈딸 신세 망친다〉〈불순세력과 연결돼 있다〉라는 공갈과 협박으로 부모님을 놀라게 했다. 결국 월요일 출근한 저를 이웃의 김용팔 씨 집으로 끌고가 아버지를 회유해 강제 사직서를 쓰도록 압박했다. 그 모든 사실을 제대로 알게 된 제 가족은 저를 이해하고 위로하면서 오히려 거짓과 선동을 일삼은 회사측에 분개하고 있다"라고 설명했다. 그러면서 "저희가 회사측의 가증스러운 회유와 협박에도 굴하지 않고 정당한 주장을 계속하며 급기야 이런 사실을 언론에 알렸다. 회사측은 이 사실을 알고 문제가 더 커지는 것을 두려워해 어제 저희를 부당하게 강제해고시켰다"라며 분노했다.

춘천 민주화 운동 사례집에 따르면 춘천 후평공단에서 가장 활기 있게 진행되던 AMK가 1991년 노사분규 이후 무려 900여 명의 노동자를 감축한다. 이듬해 다시 300여 명을 모집한다. 그동안 신규채용이 전혀 없었던 AMK가 취한 조치는 춘천시 노동인력 수요상 많은 인원이 입사할 것이라는 점을 악용해 인건비를 줄이고 노조활동을 탄압하려는 의도였던 것이 드러나면서 또한 다른 형태의 노동탄압 방식이었던 것으로 밝혀졌다.

게다가 일감이 더 늘지 않았는데도 신입사원을 뽑아 무급휴가를 보내는 방식으로 취업률을 높여 정부지원을 받아냈다. 이는 중소기업지원 세금반환정책을 이용해 환수받은 금액만 무려 56억 원에 이른다. 이 금액을 현재(2024년) 가치로 환산하면 500억 원이 넘는 거액이다. 이렇게 악랄한 수법으로 노동자를 짓밟던 AMK는 정부지원금을 받은 후인 2000년 미국 본사의 부도로 한국에서 철수한다.

한동훈의 아버지는 외국인 투자기업의 한국인 대표로서 자국 노동자를 보호하기는커녕 되레 노동자를 탄압하고 노동자 개인의 생존권을 박탈하는 부당한 강제해고를 단행했다. 한편, 한국에서 AMK가 출범할 때 한무남 씨가 대표를 맡았던 시기(1987~2000

년)가 대략 한동훈이 14세에서 27세에 이르는 기간이다. 한동훈
이 아버지의 기업 운영과 운영 행태에 관한 여러 가지 문제점을
직간접적으로 기억하고 있을 것으로 보인다. 따라서 한 기자가
당시 국민의힘 비대위원장 한동훈에게 이 사실을 질문한 적이 있
다. 그러자 "한동훈은 매우 언짢은 표정을 지으며 질문을 외면했
다"라고 보도했다.

〈2022년 4월 13일 당시 한동훈 법무부 장관 후보자가 서울시 통의동
인수위원회에서 기자회견을 마친 뒤 나서고 있다.〉

한동훈 딸 논문대필 정황 나왔다!
'케냐 대필 작가, 내가 했다'

한동훈 국민의힘 대표 딸 논문을 케냐 출신의 '대필 작가(ghostwriter)'가 작성했다는 진술과 관련한 정황이 2022년 5월 8일 청문회 당시에 나왔다. 한 후보자 측은 (한동훈) 딸의 논문 작성, 게재와 관련해 "딸이 (고교) 재학 중 장기간 작성해 온 글을 전자문서화하기 위해 (오픈액세스 저널에) 업로드한 것"이라고 밝혔다.

한겨레신문에 따르면 한동훈 국민의힘 대표가 2022년 4월 13일 법무부 장관 후보자로 지명될 당시 한동훈의 딸 한모 씨가 2022년 2월 전 세계 사회과학 분야 학술논문 데이터베이스인 'SSRN(사회과학네트워크)'에 등록한 4쪽짜리 논문 '국가 부채가 중요한가-경제이론에 입각한 분석(Does National Debt Matter? -- Analysis Based On the Economic Theories)'의 문서정보(문서 요약)에 '집필 날짜'는 2021년 11월11일, '지은이'는 Benson(벤슨)으로 시작하는 이름이 적혀 있다고 밝혔다.

신문은 또 Benson의 사회관계망서비스(SNS) 계정 메신저를 통해 한씨의 논문 '국가 부채가 중요한가(Does National Debt

Matter?)'를 보내주고 문서정보 지은이 항목에 Benson이라는 이름이 나오는데 '당신이 작성한 것이 맞느냐'고 문의했다. Benson은 "2021년 11월 초에 했다(I did it at the beginning of November 2021)"고 답변하며 자신의 컴퓨터 문서목록을 찍어 보내왔다. Benson이 보낸 사진에는 'National Debt'(국가 부채) 'National Debt-1_Comment'(국가 부채-1_코멘트)라는 워드 파일이 2021년 11월 3일과 4일 작성된 것으로 나와 있다.

그러면서 "한씨 논문을 작성한 경위 등을 취재하기 위해 추가로 질문을 보냈다. 하지만 Benson이 사례금을 주면 취재에 응하겠다고 답변했다. 하지만 〈한겨레〉 취재 보도 준칙은 '정보 제공이나 협조의 대가로 취재원에게 금전적 보상을 하지 않는다'라고 규정하고 있다. 따라서 공직자 후보자 검증 취재를 하며 정보 제공 대가로 취재원에게 금품을 지급할 경우 취재 윤리상 논란이 생길 것 등을 고려해 사례금을 지급하지 않고 취재를 중단하기로 결정했다"라고 전했다.

신문에 따르면 한씨 논문 문서정보 내용과 벤슨(Benson)의 진술 등은 한동훈 당시 법무부 장관 후보자 시절에 내놨던 그간의 해명과 배치된다. 언론 보도 이후 당시 한동훈은 "3년에 걸쳐 학교 리서치

과제, 고교 대상 에세이 대회 등을 통해 작성한 에세이, 보고서, 리뷰 페이퍼 등을 모아 2021년 11월경 이후 한꺼번에 오픈액세스 저널이 요구하는 형식에 맞게 각주, 폰트 등을 정리해 업로드한 것"이라고 밝혔다.

그러면서 "장기간에 걸쳐 직접 작성한 고등학생 수준의 글들을 '두 달간 논문 5개, 전자책 4권을 썼다'라면서 마치 고등학생이 할 수 없는 불가능한 것을 한 것처럼 표현한 것은 의도적인 프레임 씌우기용 왜곡 과장이자 허위 사실"이라고 주장했다.

한동훈 허상에 환장하는 대구 시민!

〈짝짝짝~~한동훈 잘한다, 잘해! '한동훈을 대통령으로!'〉

한동훈 국민의힘 비상대책위원장이 지난 4·10총선을 앞두고 대구지역을 찾았다. 우파 국민의힘 본산으로 불리는 TK지역민의 지지는 열화와 같았다. 떼로 몰려나와 뜨거운 박수로 '한동훈~한동훈~한동훈'을 연호했다. 여느 지역에서보다 뜨겁고 열렬한 지지는 한동훈을 한껏 고무시켰다. 성급한 일부 지지자들은 총선을 대선으로 착각한 듯 '한동훈을 대통령으로! 한동훈 대통령!'을 외쳤다. 지금 당장이라도 한동훈을 대통령으로 세울 수 있을 것만 같은 기세였다. 이런 분위기에서는 누구든지 대통령이 될 수 있다는 '환각

증'을 불러일으키기에 충분하다. 그런데 그 짜릿한 맛을 한동훈만이 홀로 느끼고 있었을 것이다.

이렇게 시민은 한 인간을 순식간에 영웅심리에 취하게 만들어버린다. 정치는 마약보다 중독성이 강하다는 말이 괜히 나도는 것이 아니다. 그런데 한동훈의 정치 경험은 일천하다. 겨우 몇 달 전 국민의힘 비상대책위원장으로 선출된 것이 고작이다. 한동훈은 이런 **'초심자에게 붙는 행운(Beginner's Luck)'**이라는 그 미묘한 함정을 알고 있을는지 모른다. 비록 알고 있다고 하더라도 이를 비켜가기는 어려울 것이다. 이미 대구에서 **'대통령 한동훈~'**이라고 외치던 환상에 취해있다. 묘한 그 중독성을 알기엔 아직은 정치 애송이다. 머리탓이 아니라 경험탓이다. 한동훈은 자기 정치에 도취된 나머지 현실 인식이 턱없이 부족한 결과 총선은 폭망했다.

이후 한동훈의 '정치 마약' 중독 증세는 곳곳에서 나타난다. 4·10 총선이 끝난 뒤인 4월 19일 윤석열 대통령은 그 당시 이관섭 비서실장을 통해 '한 전 위원장과 윤재옥 원내대표 겸 당 대표 권한대행에게 한동훈 체제 비대위 전원을 용산 대통령실로 초청하겠다'라는 뜻을 전달했다. 총선패배 책임론을 두고 여권에서 잡음이 이어지는 상황에서 전직 여당 지도부와 회동을 추진한 것이

다. 한동훈이 윤석열 대통령으로부터 오찬을 제안받았으나 건강
상의 이유로 만남을 거절했다. 그러면서도 한동훈은 앞서 총선패
배 그다음 날인 11일 진중권과 김경율을 만나 식사를 같이했다.
그 때문에 총선유세 과정에서 불거진 윤 대통령과 한동훈 간의
갈등이 재점화하는 양상을 보였다.

　총선 뒤 윤석열 대통령이 한동훈과 만날 것을 요청한 것은 너무
도 당연한 일이다. 모르긴 해도 윤석열 대통령이 '꽂아 넣은(?)'
국힘의힘 비상대책위원장 한동훈이 총선에서 대패했기 때문에 마
음이 아팠을 것이다. 윤 대통령은 총선 책임자 한동훈을 위로하
고, 또 총선 과정에서 상호 불편했던 심기를 해소하려는 의도도
담겨 있었을 것이다.

　그런데도 한동훈은 윤석열 대통령이 만나자는 제안을 일거에
사양한 것이다. 앞서 골수 좌파 출신 국민의힘 비대위원 김경율과
'날나리 좌파' 진중권과 만난 것과는 너무나 대조적이다. 이 대목
에서 우파 지지자들은 '윤석열 대통령 사람인 한동훈이 왜 저러
지?' '한동훈이란 자가 우파가 아닌가 봐?'라는 반응을 보이며 내
부 혼란을 크게 빚는다.

우리가 본 한동훈은 '진짜가 아니고 허상이야!'

국민의힘 대표 한동훈은 자기 사랑이 강한 '나르시시스트'가 아니다. 그는 누구보다 자기 과시욕이 강한 남자다. 한동훈은 쉰 살이 넘은 남자(52)다. 그런 남자가 머리부터 발끝까지 자기과시를 위해 다양한 소도구로 분장하는 배우가 아닌, '가짜' 정치인이다. 그런데도 대구 시민은 이런 한동훈에 열광적인 지지를 보냄으로써, 한동훈을 너무나도 조기에 대통령 병이 들게 만들어 버린 것은 아닐까.

한동훈이 제아무리 좌파 DNA를 타고 났다고 하더라도, 자신이 반드시 대통령이 될 수밖에 없다는 '확증 편향'이란 착각에 빠져들지 않았다면 정치 애송이가 지금과 같은 행동을 할 수는 없다. 한동훈은 검찰에서 오랜 세월 동고동락해온 윤석열 대통령에게 과감하게 대듦으로써 이제 다시는 돌아오지 못할 '루비콘강'을 건너버린 것이다. 문재인에게 윤과 한이 대듦으로 대통령이 된다는 환상이 전이된 것인가. 그러나 그때와 지금은 양상이 다르다. 지금 아프다고 신음하는 대한민국을 붙들고 윤석열 대통령 홀로 분투하고 있다.

이제 우리는 한 꺼풀씩 '허상 또는 허구'에 가린 한동훈의 겉모습을 걷어내고 진짜 모습을 알아야 한다. 그렇지 않으면 다 된 밥에 잿가루보다 더 치명적인 양잿물이 들어올 수도 있다. 나는 대한민국 우파 지지자 중 80% 이상이 가짜 한동훈에 취한 나머지 자칫 이 나라 대한민국이 종북 좌파 문재인 때보다 더 어려운 형국을 맛볼 수 있다는 두려움에서 분연히 필을 든 것이다. 그러면 이제부터 허구와 허상으로 덧칠된 한동훈의 자기 과시욕부터 하나둘 벗겨 보자!

첫째로 말도 많고 탈도 많은 저 풍성한 한동훈의 머리는 가발일까? 아직까지 한동훈 본인 입으로는 시인도 부정도 하지 않고

(NCND: Neither Confirm Nor Deny) 있다. 그런데 사진을 보면 누가 봐도 윗머리와 옆머리 쪽 머리카락의 굵기와 빛깔이 달라 보인다. 무엇보다 가발을 써본 사람이나 가발을 만드는 전문가들은 척 보면 안다. 그래서 이들은 한결같이 한동훈은 가발을 쓰고 다닌다고 확신한다. 그래서 이들의 눈으로 한동훈의 머리를 가발이라고 단정하는 근거로 한동훈의 여러 가지 모습을 담은 사진을 다양하게 온라인에 올리면서 가발임을 증명하고 있다.

그렇다면 한동훈의 머리가 가발이든 아니든 자신이 말하지 않은 것을 두고 왜 왈가왈부하느냐고 딴지를 거는 지지자도 있을 수 있다. 그러나 여기서는 단순히 한 사람의 가발을 두고 말하는 것이 아니다. 한동훈은 현재 집권 여당의 대표다. 이는 의전 서열로 보면 '톱 5(top 5)'에 들어가는 어마어마한 권력이다. 무엇보다 이 나라를 짊어질 차기 유력한 대권후보다. 어쩔 수 없이 이런 검정을 거쳐야 하는 과정이다. 특히 정치적 공인에 관해서는 국민이 알 권리가 있다. 그래서 은폐한다고 해서 더 근사하게 보이면 안 된다.

문제는 가발이냐 아니냐가 중요한 게 아니다. 가발을 자신의 치명적인 약점이라고 생각해서 그것이 드러날까 봐 가슴을 졸이는 것이 한동훈의 스타일이고 성격이라는 것이다. 얼굴과 스타일로 먹고사는 유명 연예인도 과감히 자기를 드러내는 경우가 있다. 그래서 배우 이덕화 씨나 가수 설운도 씨는 팬들로부터 더 큰 사랑을 받는다. 한동훈도 '저는 공인으로서 많은 사람을 대하다 보니 가발을 쓰고 있습니다'라고 말하면 끝나는 일이다.

그러나 한동훈은 자신의 참모습을 말하지 못하는 이유가 궁금하다. 이는 그동안 자기 과시욕으로 충만한 한동훈이 만에 하나 가발이라는 것이 드러나면 완벽하게 보였던 자기 이미지가 무너져 내릴까 봐 전전긍긍하고 있는 건 아닐까. 여기서 문제는 완벽주의자가 자칫 잘못하면 일시에 무너질 수 있다는 우려 때문이다. 대중 정치인으로서 한 나라의 운명을 책임질 수 있는 지도자가 혹 무너진다면 치명적인 약점이 될 수 있다.

둘째로는 한동훈이 자기과시를 위해 가슴에 패드를 넣고 다닌다는 것이다. 이를 좀 비속어로 표현하면 '뽕브라를 차고 다니는 남자'라는 것이다. 다음 사진을 보면 올해같이 무더운 여름에 자기를 근육질의 남자, 강한 남자로 보이려고 앞가슴에 패드를 넣고 다니는 남자가 한동훈 대표라는 것을 생각하면 그의 가짜와 짝퉁에 정신이 번쩍 든다.

셋째로는 한동훈은 색조 화장을 하는 남자로 알려졌다. 그런 한

〈50대 남자 한동훈 대표가 가슴에 패드(뽕브라)를 넣고
다니는 모습을 여실히 감지할 수 있다.〉

동훈은 얼굴에 땀을 닦을 때는 여성보다 더 여성스럽게 크리넥스
나 휴지를 돌돌 말아서 콕콕 찍어 낸다는 것이다.

넷째로는 한동훈 대표가 신고 다닌다는 키높이 구두다. 이 사진
은 구글 이미지에서 한동훈이 신고 다니는 키높이 구두를 클로즈

〈한동훈 대표가 색조 화장에다 눈썹까지 한 모습이다. 그는 또 화장한 얼굴에 땀이
맺히면 휴지를 돌돌 말아서 콕콕 찍어서 닦는다는데, 다소 엽기적이기도 하다는
생각이 든다.〉

〈한동훈 대표가 보통 8~9cm 정도의 키높이 구두를
신고 다니는 것으로 알려졌다.〉

업해 분명하게 보여주고 있다. 쉰 살이 넘은 남자 정치인 한동훈이 작은 키도 아닌데 왜 이토록 집착하다시피 겉치레에 신경을 쓰고 다니는 것일까? 도무지 이해할 수가 없는 노릇이다.

이 정도면 한동훈은 평소 신발을 신고 다니는 것이 아니라 뭘 타고 다닌다는 표현이 어울린다. 아니 무엇이 모자라 이 정도로 불편을 느끼면서까지 가발에, 뽕브라에, 색조 화장에, 키높이 구두를 타고 다니면서 자기를 꾸미고 연출을 해야 하는지 도무지 그 속내를 짐작할 수가 없다. 어쨌든 이런 사람이 바로 한동훈이라는 사실을 우리는 알아야 한다. 이를 정리하자면 한동훈은 머리카락에서부터 발끝까지 모두가 뭔가로 덧칠돼 있는 남자다. 그래서 우리는 한동훈을 알면 알수록 짝퉁으로 덧칠된 모습이 두렵다.

이게 끝이 아니다. 한동훈이 자기를 과시하는 모습은 더 있다. 2023년 3월 법무부장관 시절의 일이다. 한동훈이 해외에 나가면서 공항에서 빨간색 표지의 책을 옆에 끼고 나타났다. **〈사진〉에서 보이는 것처럼 〈투키디에데스의 펠로폰네소스 전쟁사 : 헤게모니와 민주주의〉**가 카메라에 잡혀 신문과 방송을 탔다. 얼핏 보아도 의도적으로 연출을 하는 것 같다. 이를 본 사람은 역시 한동훈이다. 원서를 끼고 다니는 모습이 멋있다고 생각하기에 충분하다. 그러나 이 책은 번역서이며 본래 양장본의 커버는 오른쪽 이미지이다.

〈한동훈, 장관 시절인 2023년 3월 외국에 나가면서
'투키디데스의 펠로폰네소스 전쟁사'의 양장본 커버를 벗겨내고
영문 제목이 선명하게 보이도록 들고 나타났다.〉

여기서 우리는 앞서 본 외모에 집착하는 한동훈의 모습에다 마치 원서인 양 국내 번역본을 가지고 자기를 과시하려는 한동훈에 대해 어떤 결론을 내릴 수 있을까? 한마디로 한동훈은 '난 이런 사람이야'라고 자신을 과시하는 것이 습관이 된 사람이라고 생각할 수 있다. 한동훈은 이러한 자기과시를 밥 먹듯이 하고 있다는 것을 이제 우리는 충분히 읽을 수 있다. 이러한 자기과시 연출이 일상으로 날마다 이루어지고 있다는 것을 짐작할 수 있다. 이런 한동훈의 가짜 모습에서 멋있다, 남자답다, 신뢰할 수 있다고 판단할 사람이 많지는 않을 것이다.

무엇보다 한동훈은 자유민주주의 대한민국의 가치를 잘 모르고 있다. 그리고 그는 현대사에 관한 공부가 턱없이 덜 돼 있다. 그래서 한동훈은 '제주 4·3사건'과 '광주 5·18' 문제만 나오면 우파 시각에서는 놀라 자빠질 말을 하고 다닌다는 것이다. 한동훈을 아는 주변 사람들은 "한동훈이 대체로 좌파적 가치관에 갇혀 있다"라고 말한다. 그러면서 "한동훈이 김대중에 대한 찬양이 기가 막힐 정도"라고 지적한다. 이런 역사관과 시각을 가진 자가 우파정당 국민의힘 대표라는 것은 너무도 위험하지 않은지 묻고 싶다.

이런 좌빨스러운 정치인 한동훈 대표가 지금과 같은 매우 긴급

한 순간에 잘못된 결정을 내릴 수 있다. 그리고 앞으로 2년 반 정도 임기가 남은 윤석열 대통령을 치받으며 사고를 친다면 당정 간 갈등으로 국가를 위기로 몰고 갈 수 있다. 한동훈의 정체를 머리부터 발끝까지 모두 소품으로 치장한 허상에 사로잡힌 좌빨 스런 모습이 두렵다. 따라서 한동훈과 그의 가족이 당원 게시판에 윤석열 대통령 부부를 비방하는 것은 그리 새삼스러운 일이 아니 다.

국민의힘 대표 한동훈은
조선 '제일의 검인가, 개검인가?'

한동훈 '문재인 정권 초기는 내 인생 화양연화'

2023년 2월 8일 여의도 국회에서 열린 교육, 사회, 문화 분야 대정부 질의에서 당시 법무부 장관 한동훈에게 더불어민주당 김영호 의원이 "(한동훈) 장관이 문재인 정부와 더불어민주당에 강한 적개심을 갖고 있는 것 같아 안타깝다"라면서 "법무부 장관이 야당에 적개심을 갖는다면 검찰이 야당을 수사할 때 그 사건이 공정하다고 국민이 생각하겠느냐"라고 물었다.

이에 대해 한동훈은 "오히려 민주당이 저한테 너무 적개심을 드러내시는 것 같다"라며 "제 검사 인생의 **'화양연화(花樣年華; 인**

생에서 가장 아름다운 순간)'는 문재인 정권 초반기의 수사들이었다"라고 강조했다. 그러면서 한동훈은 "그 당시 민주당이 저를 응원해 줬고, 열렬히 지지해 주셨던 걸 기억한다. 저는 그때와 달라진 게 없다. 오해가 있다면 서로 풀었으면 좋겠다는 생각이 든다"라고 말했다.

이 대목에서는 우리는 한동훈이 자타가 공인하는 **'조선 제일의 검'**인지 아니면 **'조선 제일의 개검'**인지를 판단할 단서를 얻을 수 있다. 한동훈이 문재인 정권 초반기를 검사로서의 '화양연화'라고 직접 말했기 때문이다. 그런데 그 당시 한동훈은 가장 예리하게 벼려진 '검'을 든 농익은 검사였다. 전직 두 대통령을 포함해 대법원장, 3명의 국정원장, 장차관, 이재수 사령관 등 고위 공무원과 삼성 이재용 회장 등 무려 200여 명을 감옥으로 보내는데 가장 날선 검을 휘두른 박영수 특검의 맹장 중에서도 '백미'로 꼽힌다.

한동훈은 그때 수사 실적을 두고 **'화양연화'**라고 회고했다. 박근혜가 탄핵되고 감옥에 가면서 탄력을 받은 문재인은 무자비한 '적폐몰이'로 검찰에 '물으라, 덮으라'를 입맛대로 조종했다. 그리고 그 당시 검찰은 권력의 가락과 장단에 맞춰 칼춤을 춰댔다. 적폐몰이식 검찰수사는 마치 '혁명군'처럼 적법한 절차를 밟지 않고 수사하고 기소한 사건도 많은 것으로 알려졌다. 따라서 한동훈이 직접 수사해 감옥으로 보낸 이재용 삼성전자 총수와 양승태 대법원장은 대법원에서 무죄판결을 받았다.

이 대목에서 우리는 당시 박영수 특검 사단에서 적폐몰이에 앞장선 한동훈을 비롯한 특검 칼잡이들이 진짜 법치주의에 걸맞은 수사를 했는지, 권력의 눈치를 보면서 희광이처럼 칼춤을 추었는지 판단할 수가 있다. 게다가 검찰은 박근혜를 비롯해 이재수 사령관 등 일부 고위 인사에게 수갑 채우거나 포승줄로 옭아매어 포토 라인에 세움으로써 감당하기 어려운 모욕감을 느끼게 했다.

특히 이재수 사령관은 자필 유서에서 첫머리에 "세월호 사고시 기무사와 기무부대원들은 정말 헌신적으로 최선을 다했다. 그런데도 5년 전에 있었던 사찰로 단죄하는 게 안타깝다"라는 말을 남긴다. 그리고 분하고 억울함을 참지 못한 참군인 이재수 사령관은 분연히 목숨을 끊어 진실에 호소했다. 당시 박영수 특검의 검찰은 그렇게 야비하고도 저열했다.

이재용 회장 구속한 '문재인의 사냥개들'

실제로 한동훈은 2016년 박영수 특별검사팀에서 윤석열 수사팀장과 함께 박근혜 정부 국정농단 사건의 수사 선봉에 섰다. 무엇보다 한동훈은 이재용 삼성전자 회장을 구속 기소했다. 그 전과로 2017년 문재인 정부 초기 반부패 특수수사를 총괄하는 서울중앙지방검찰청 3차장검사로 발령돼 윤석열 서울중앙지검장을 보좌했다.

한동훈은 3차장검사 시절 이명박 전 대통령이 자동차 부품업체 '다스'의 실소유주라는 걸 밝혀내며 이명박 전 대통령을 구속했다. 또 양승태 전 대법원장 시절의 사법 행정권 남용 의혹도 수사해 전·현직 고위 법관들을 대거 재판에 넘기는 데 혁혁한 공을 세웠다. 한동훈은 이 시절을 일컬어 '화양연화'라고 말한다.

그런데 최근 월스트리트 저널(WJ)이 삼성에 관한 충격적인 보도를 내놨다. 이 보도는 정말 온 국민을 안타깝고도 분노하게 만든다. 삼성전자는 오랜 세월 메모리칩 분야에서 타의 추종을 불허하며 명실공히 세계 1위를 자랑했다. 그러나 최근 AI칩 기술 경쟁에서 대만의 TSMC에 크게 밀리면서 글로벌 시장에서 중요한 기회를 상실하고 있다. AI 기술이 주도하고 있는 반도체 시장에서 삼성은 SK 하이닉스와 대만의 TSMC에 뒤처지고 있다는 보도가 나온 것이다.

삼성의 위기는 단순한 기술적 문제로만 설명될 수 없다. 문재인 정권이 주도하고 한동훈과 김경율 등에 의한 삼성 해체 작전이 그 배후에 있다. 그로 인해 설비투자의 적기를 놓친 결과, 오늘 삼성의 비극을 몰고 온 것이다. 지금 삼성은 반도체 파운드리 위탁 생산 분야에서 심각한 문제를 겪고 있다. 2019년 삼성은 로직 칩 파운드리 분야에서 대만을 따라잡겠다는 야심찬 목표를 세웠지만 문재인 정권의 출범으로 삼성이 엄청난 탄압을 받으며 그 격차는 오히려 더 벌어지고 만다.

삼성이 국가권력의 탄압으로 죽어갈 때, 대만 TSMC는 2024년 글로벌 파운드리에서 시장 점유율이 64%에 이를 것으로 내다보고 있다. 반면에 경쟁업체인 삼성은 겨우 10%에 머무를 것으로 전망된다. 삼성은 주요 고객사 퀄컴과 애플과의 계약에서도 만족스러운 성과를 내지 못하고 있다. 특히 고대역폭 메모리 칩 분야에서 엔비디아의 품질 기준조차 충족하지 못하는 상태라는 위기설까지 흘러나오고 있다.

따라서 삼성전자의 주가는 올해 들어서만 약 24% 하락했다. 이는 파운드리 사업부진이 주요 원인이다. 반면 SK하이닉스 (마이크론 테크롤로지)의 주가는 20% 이상 상승하고 있다. 무엇보다 삼성의 경쟁사인 대만 TSMC 주가는 무려 70% 이상 급등했다. 이는 삼성에 AI시대 기술적 우위를 반영하고 있다. 이에 2023년에 삼성은 반도체 분야 수장을 전격적으로 교체하며 경쟁력 회복을 위한 기술혁신에 박차를 가했다. 그러나 실제 그 성과가 나오기까지는 다소 시간이 걸릴 것으로 보인다.

재계에서는 삼성이 당하고 있는 이 모든 문제의 근본 원인은 문재인 정권과 그 사냥개 노릇을 검찰, 그중에서도 한동훈이 주도한 삼성 탄압 해체 작전이 그 본질이라고 보고 있다. 문재인 정권의 개검들에 의해 2017년부터 박근혜가 불법 탄핵을 당하고 문재인이 집권하자마자 검찰 권력을 총동원해 삼성을 의도적으로 공격하기 시작했다.

그런데 한동훈은 이때를 자신이 27년간 몸담았던 검찰 시절의 '화양연화'라고 말한다. 좌파들의 열광 속에 '적폐몰이'에 몰두한 한동훈을 비롯한 문재인 정권의 검찰은 이재용과 박근혜를 구속하는 등 이들이 휘두른 국가폭력은 대한민국의 기반을 송두리째 파괴하고 있었다. 검찰은 삼성 경영진을 860회 이상 소환했다. 그리고 삼성그룹을 50여 차례 압수수색하고 7,000억 원이 넘는 거액을 추징했다.

당시 국정농단 뇌물 사건의 1심부터 3심까지 이재용 회장은 구속과 석방을 반복했다. 2017년 2월 1심에서 징역 5년으로 구속된 뒤 2018년 2월 항소심에서 징역 2년 6개월·집행유예 4년으로 석방됐다. 그리고 다시 2021년 1월 상고심인 파기환송심에서 징역 2년 6개월로 재구속됐다. 이재용 회장은 삼성그룹에서 구속된 첫 총수이자 2번이나 구속된 총수라는 불명예 기록을 얻었다. 오늘날 삼성을 이 지경으로 만든 것은 '한동훈 검사 시절'에 주로 진행된 사건에서 비롯된 것이다.

검찰에 사냥감을 포착해 준 '김경율'

그 당시 '개검'들의 국가 해체를 지켜보던 검찰 내부에서조차도 2020년 수사심의위원회를 통해 '삼성의 수사 중단'을 권고한 바 있다. 그러나 문재인 정권의 개검들은 이를 무시하고 수사를 강행한다. 그리고 이재용을 포함한 13명의 삼성 임원을 기소하면서 삼성그룹을 뿌리째 뽑아내려는 시도를 멈추지 않았다.

그 배경에는 4·10총선에서 국민의힘 비상대책위원장을 맡은 한동훈이 '모셔 온' 김경율 비대위원이 도사리고 있었다. 김경율은 1968년 전라남도 해남에서 출생했다. 연세대학교 철학과에서 공부하며 회계사 시험에 합격한다. 회계사로 시민단체 활동을 시작해 2019년까지 약 20년간 참여연대에서 공동집행위원장, 경제금융센터 소장을 지내며 론스타 사건, 삼성바이오로직스 분식회계 의혹, 다스 비자금 사건 등을 파헤쳤다.

마침내 김경율은 지난 2016년 12월 삼성바이오로직스의 분식회계를 처음으로 폭로한다. 그 당시 박근혜 탄핵 음모가 한창 진행되고 있던 시점이어서 온 국민이 문재인 정권의 적폐몰이식 국가폭력을 눈치채지 못하고 합법적인 행위로 착각하고 있었다. 이런 시기에 김경율은 삼성바이오로직스의 자산이 4조 5,000억 원가량 부풀려졌다고 주장한다. 이때 분식회계가 논란이 된 것은 이재용 당시 부회장의 경영 승계권 연계 가능성 때문이었다. 앞서 2015년은 삼성물산과 제일모직의 합병이 있었다.

당시 김경율이 참여연대 집행위원장 신분으로 삼성바이오로직스 분식회계 의혹을 제기했다. 그 후 김경율은 2018년 김어준 뉴스공장에도 여러 차례 나와 김어준과 삼성이 5조 원대 분식회계에 관한 이야기로 박장대소하며 삼성의 분식회계 사건을 사실로 규정한다. 이를 토대로 금융감독원이 검찰에 고발하면서 제일모직과 삼성물산의 합병을 문제 삼는다. 그리고 이재용 회장 경영권 승계에 대한 수사가 2018년 12월부터 본격화됐다.

마침내 박영수 특검의 수사가 정경유착에 머물렀다면 검찰수사는 승계 과정 자체가 불법이었는지 아닌지에 초점이 맞춰졌다. 수사에 등장하는 검찰 라인은 서울중앙지검 경제범죄형사부 부장검사였던 이복현 현 금융감독원장이 주도한다. 그 당시 윤석열 대통령은 중앙지검장으로서 한동훈 중앙지검 3차장검사의 수사를 지휘했다. 그리고 박영수 특검 사단 중에서도 한동훈이 이재용 회장 수사를 도맡았다.

〈김경율이 2018년 5월 3일 김어준 뉴스공장에 나와 삼성바이오로직스 분식회계에 관해 김어준과 대담을 나누고 있다.〉

뉴스공장에서 김어준과 김경율이 삼성로직스 분식회계에 관해 이야기하는 장면이다.

김어준: 그러니까요. 그런 사건인데 그게 무슨 말인지 이해가 안 간다는 게 문제인 거죠, 이게. 그러면 제가 이해한 대로, 저는 사실 전문가가 아니고 주식도 안 하다 보니까 그냥 제가 읽고 이해한 대로 말씀을 드려볼 테니까 틀린 지점이나 부족한 점을 보강해 주세요. 삼성바이오로직스가 있습니다. 자회사가 하나 있어요. 자회사가 돈도 못 벌어요. 3,400억대 적자가 있는 회사입니다. 그런데 이 회사가 아무 일도 없는데 이 회사의 가치가 갑자기 5조 원대가 돼 버렸어요.

김경율: 그렇죠. 5조로 평가를 한 겁니다.

김어준: 5조가 평가됐어요. 마술(분식회계)이 일어난 겁니다, 마술이 어떻게 이런 일이 있을 수 있지? 그런데 삼성은 그게 문제가 없다고 하고 금융감독원은 '뻥튀기했네, 뻥튀기했어.' 이거거든요.

김경율: 맞습니다. 결론을 내린 겁니다.

이런 것이 맞물려 있던 시기에 당시 참여연대 경제금융센터 소

장인 김경율의 폭로는 사회정의로 둔갑하고 포장돼 오히려 국민의 지지를 받는다. 그리고 김경율의 폭로는 탄핵정국의 혼란한 틈을 타고 대한민국 사회를 격렬하게 뒤흔들고 있었다. 문재인 정권은 이런 가짜 폭로를 이어받아서 검찰과 금융감독원 등 정권의 사냥개들을 총동원, 삼성을 전면적으로 공격하면서 삼성 해체 작업을 시작한 것이다.

특히 한동훈은 당시 서울중앙지검에서 이 수사를 주도하면서 삼성을 범죄집단으로 모는 데 주도적인 노릇을 했다. 삼성 이재용 회장과 임원들은 860회 이상 소환조사를 받았다. 삼성이 50차례 이상의 압수수색을 받았고, 190회가 넘게 검찰과 법원에 출두하는 등 모진 탄압에 시달렸다. 그리고 2년 6개월 이상 감옥생활을 했다.

이렇게 문재인 정권의 잔인한 삼성 탄압은 계속되었다. 이로 인해 삼성은 글로벌 경쟁력을 점차 잃어갔다. 그러자 당시 재계와 정계, 그리고 학계에서조차도 '삼성 죽이기를 중단하라'는 강력한 비난이 쏟아졌다. 그러나 문재인과 정권의 개검들은 절대 물러서지 않았다. 끝까지 삼성을 범죄조직으로 몰아가며 해체하려는 국가권력의 폭력은 계속되었다.

실제로 삼성은 이미 세계 반도체 시장은 파운드리(외부에서 제품설계를 받아 반도체를 생산하는 시스템) 분야가 대세라는 것을 꿰뚫고 2019년 당시 이미 로직 칩 파운드리 분야에서 대만을 따라잡겠다는 야심찬 목표를 세웠다. 하지만 문재인 정권의 출범으로 삼성이 엄청난 탄압을 받으면서 그 꿈은 허망하게 무너지고 말았다.

오늘날 삼성의 위기는 곧 대한민국 경제의 위기라고 해도 과언이 아니다. 그런 삼성을 문재인 정권의 사냥개 박영수 특검의 적폐몰이로 삼성을 탄압한 결과 대만 TSMC를 따라잡을 기회를 놓치고, 오히려 그 격차가 더 크게 벌어지면서 지금의 위기를 몰고 온 것이다. 삼성의 위기를 안타까운 눈으로 바라보는 온 국민은 이런 사실을 분명히 인식하고 두 번 다시 역사 인식이 없는 좌파 정권이 설치는 나라를 만들어서는 안 된다.

이재용 무죄 '한동훈-김경율 정권 사냥개 방증'

마침내 2024년 2월 법원은 삼성에 대한 무죄판결을 내렸다. 이는 김경율과 한동훈이 작당했던 삼성 해체 작전이 매우 부적절한 표적 수사라는 사실을 명백하게 인정한 쾌거라고 할 수 있다. 법원은 삼성물산과 제일모직의 합병이 불법이 아니라는 점을 명확하게 밝힘으로써, 개검들에게 사냥감을 포착해 준 김경율이라는 자도 결국 부끄러운 오명을 쓰게 된 것이다.

삼성의 이재용 회장 무죄판결로 인해 문재인과 그 개검들에 의해 해체하려고 한 음모가 사실로 드러난 셈이다. 그러나 세상은 이를 누구도 눈치채지 못하고 있다. 따라서 문재인 정권과 권력의 하수인인 검찰이 극악무도했던 삼성해체 음모는 묻혀가고 있다. 문재인 정권에 장단 맞춰 칼춤을 추던 한동훈과 김경율이 주도한 삼성 분식회계 폭로는 엄청난 피해를 남긴다. 이때 한동훈은 화양연화로 전성기를 누렸다고 말지만 대한민국의 경제 기반은 소리 없이 무너져 내리고 있었다.

2020년까지만 해도 족탈불급의 세계 1위를 자랑한 삼성의 메모리반도체 사업은 이들의 칼춤에 회복하기 어려운 상처를 입고 급격하게 추락하기 시작한 것이다. 마침내 2024년 10월 삼성은 경쟁사들에 비해 경쟁력을 크게 상실하면서 끝간 데 없이 추락하고 있다. 특히 문재인 정권은 특급 비밀을 다루던 삼성반도체 공장에 외부인사를 투입하는 사건이 발생하기도 했다. 이때 수조 원대 삼성의 특급 기술이 중국으로 유출된 것으로 알려졌다.

그 결과, 삼성은 요지부동의 세계 1위 자리를 뺏기고 말았다. 그리고 반도체 분야에서 1위를 수십년 지속한 삼성의 업적도 소리없이 무너져 내리고 있다. 삼성의 위기는 대한민국의 위기이자 비극이 아닐 수 없다. 지금 삼성전자는 그 탄압의 고통으로 신음하고 있다. 10만 전자가 5만 전자로 반토막이 나버렸다. 삼성을 비관하는 자들은 삼성이 옛 영광을 되찾기는 어려울 것이라고 말한다. 그러나 삼성은 여기서 좌절하거나 물러서지 않을 것이다. 삼성 이재용 회장은 반드시 지난날 삼성의 그 영광을 되찾을 것이다. 온 국민은 아픈 삼성을 위로하며 기도하고 있다.

나라를 요절낸 박영수 특검의 백미 '한동훈'

한동훈이 20대 초 약관의 나이로 사법고시에 합격해 엘리트 검사로 출발했다. 그리고 승승장구해 온 자신의 과거는 '조선 제일의 검'이었다고 말할 수 있을는지 모른다. 그러나 문재인 정권 초기에 박영수 특검의 검사로서 수사한 화려한 실적을 염두에 두고 **'화양연화'**라고 말한다면 이는 '조선 제일의 개검'이라는 것을 자인한 것이라고 볼 수도 있다. 하늘은 무심하지 않았다. 한동훈에게 수사 지시를 내린 박영수는 지금 어떤 길을 걷고 있는가?

검찰에 따르면 박영수는 2014년 11월3일~2015년 4월7일 우리은행의 사외이사 겸 이사회 의장, 감사위원으로 재직하며 대장동 개발사업과 관련해 김만배와 남욱 등 민간업자들의 컨소시엄 관련 청탁을 들어주는 대가로 200억 원 등을 약속받고, 8억 원을 수수한 혐의를 받았다. 역대 가장 성공한 특검으로 평가받은 박영수가 결국 '최순실 국정농단' 특검팀 출범 4년 7개월 만인 2021년 7월 부끄러운 범죄혐의로 불명예 사퇴한다.

마침내 2023년 8월 3일 서울중앙지검 반부패수사1부(엄희준 부장검사)는 박영수를 특정경제범죄 가중처벌법상 수재, 청탁금지법 위반 혐의로 구속기소 했다. 앞서 3월 30일 박영수 특검에 대한 압수수색으로 검찰 재수사가 본격화한 지 5개월 만이다.

이같은 범죄자 박영수 밑에서 한동훈은 특검 검사로 그림자처럼 따라다니면서 수사 지휘를 받고 맹활약했다. 무엇보다 한동훈 검사의 가장 큰 성과 중 하나로 꼽히는 것이 삼성 이재용 회장을 구속한 사건이다. 이 때문에 대한민국 법인세의 약 30%를 차지하는 삼성이 지금 엄청난 위기를 겪고 있다. 대한민국의 최고 기업, 세계 최고의 메모리반도체 기업인 삼성을 탄압하는 데 앞장선 한동훈이 자기 정체성과 어울리지 않는 국민의힘 대표라는 옷을 입고 있다. 이제는 윤석열 대통령과도 대립각을 세우고 있다. 지금 수많은 우파 국민은 한동훈의 채신머리를 바라보면서 매우 혼란스러워하고 있다.

한동훈은 '천박한 역사 인식에서 깨어나라!'

한동훈은 광화문 애국 세력에도 적지 않은 혐오감을 가지고 있는 것으로 알려졌다. 한동훈은 김경율이나 진중권과 같은 자가 광화문 애국 세력을 굉장히 혐오스러워하는 것을 알고 있다. 그래서 이들과는 코드가 맞다. 한편 문재인이 조국을 법무부 장관으로 임명할 때, 광화문 애국 세력의 활동이 가장 왕성했다. 2019년 8·15광복절에 이어 10월 3일 개천절은 대한민국 건국 이래 가장 많은 인파가 광화문으로 모여들었다.

이날 광화문을 기점으로 줄잡아 시청~충무로~명동~남대문~안국동 일대와 서울역에 이르기까지 약 300여만 명이 군집했다. 그때 더불어민주당 지지자를 제외한 모든 국민은 문재인이 대한민국을 파괴하고 북한으로 끌고 가고 있다는 것을 분명히 알아차렸다. 그날 캐치프레이즈가 바로 "〈문재인 하야!〉〈조국 Out!〉"이었다. 광화문 애국 세력은 자유민주주의 대한민국에 대한 분명한 역사 인식을 가진 사람들이다. 그 당시 김경율마저도 진중권-서민-권경애-강양구 등과 대담을 정리해 〈조국흑서 한 번도 경험하지 못한 나라〉를 출간해 조국을 조롱하고 비난했다.

　문재인 권력이 아직 2년 이상 남아있는 서슬 퍼런 시절에 광화문 애국 세력은 나라를 살리기 위해 목숨을 건 투쟁을 감행했다. 왜냐고? 문재인은 종북 주사파가 분명하고, 자유민주주의 대한민국을 파괴하고 남한을 북괴 김정은에게 넘길 수 있다는 위기감을 느끼고 있었기 때문이다. 이승만 대통령의 자유민주주의 대한민국 건국과 북괴 김일성이 소련 공산주의 괴뢰 국가를 세워 남조선을 적화하기 위해 무력으로 6·25를 일으켰다. 하지만 전 세계 자유 우방국가의 도움으로 대한민국은 기사회생했다.

　신생 대한민국은 6·25 당시 전 세계에서 가장 가난한 국가였다. 당시 1인당 GNP가 79달러였다. 이는 북한 240달러의 3분의 1 수준에도 미치지 못하는 가난한 나라였다. 하지만 박정희 시대부터 허리띠를 졸라매고 '잘 살아보세! 새벽종이 울렸네~~~'라는 새마을 구호를 외치면서 보릿고개를 넘기고 근대화와 산업화를 거쳐 지금 대한민국은 가장 가난한 국가에서 일류 국가가 된 역사상 유례가 없는 부흥을 이룩했다.

이런 부흥의 이면에는 개신교가 있다. 대한민국은 전 세계 선교사 파송 2위 국가(인구 비례로는 1위: 미국 5만 명/한국 3만 명)로 우뚝 선 기독교 선교 국가이다. 그 당시 나라를 구하기 위해 광화문에 모인 군중 가운데 세례교인이 70%를 차지했다. 누가 뭐래도 대한민국은 하나님이 역사하는 나라다. 양손에 태극기와 성조기를 든 애국자를 '꼰대'니, '틀딱'이니 듣기에도 민망한 비속어로 씨불이는 너희는 어미도 아비도 없는 후레자식들이 아닌가?

특정 이념에 경도되지 않은 맑고 초롱한 눈빛으로 우리 근현대사를 통찰하라. 그리고 올바른 역사관을 가지고 대한민국의 현실을 인식하라. 우리 힘이 아닌 미국의 도움으로 1945년 광복을 맞았다. 기독교의 나라 미국에서 독립운동을 한 이승만이 우여곡절 끝에 그것도 독립운동가 신분에도 2년이 지난 1947년에야 겨우 고국으로 돌아올 수 있었다. 당시 김구를 비롯한 상하이 임정 위원들은 대부분 중국 국적을 가지고 있었다.

하지만 지금도 미국 국적을 얻기 위해 수많은 여성이 원정 출산하는 나라, 그런 국가의 국적을 이승만은 끝까지 거부했다. 마침내 무(無)국적자로 돌아온 이승만이 지금 우리가 누리는 자유민주주의 대한민국을 건립했다. 이승만이 대한민국 국적 1호라는 사실을 아는 사람이 드물다.

김문수 노동부장관 청문회 때 좌파 더불어민주당은 일제 강점기 조상들의 국적을 물었다. 당연히 그 당시 국적은 일본이 맞다. 하지만 김구와 함께 상하이 임시정부에서 머문 독립지사들은 당시 모두 중국 국적을 취득했다. 그런데도 이승만은 훨씬 더 가치 있는 미국 국적을 끝끝내 거부하면서 무(無)국적자로 지내다 대한민국을 건립한 뒤에 비로소 대한민국 국적 1호가 된 것이다.

특히 이승만의 역사 인식에 대한 혜안은 무서웠다. 그가 1941년에 출간한 『일본 내막기(Japan Inside out)』는 조선인이 쓴 최초로 미국과 일본에서 베스트셀러였다.

그런데 우파 국민의힘 당대표 한동훈이 좌파 김대중을 존경하고, 제주 4·3사건과 5·18을 국가폭력으로 본다는 말이 있는데, 사실이라면 한동훈의 역사 인식은 천박하다. 다시 한번 자신을 성찰하라!

한동훈 처가의
온갖 '파렴치한 범죄행위'

장인 진형구는 '조폐공사 파업 유도한 범죄자'

한동훈의 장인 진형구 전 검사장은 1945년 경기도 광주출생으로 서울대 전기공학과를 졸업했다. 70년 제11회 사법시험에 합격해 사법연수원 2기로 수료한다. 이후 검찰 연구관, 전산 관리 담당관, 인권과장, 서부지청 형사2과장, 서울중앙지방검찰청 조사부장, 총무부장, 대검찰청 공판송무부장, 감찰부장, 제2차장검사 등 평범한 검사 행보를 이어왔다.

진형구 전 검사장은 검찰 내에서 부장 및 차장검사 시절까지는 대체로 한직을 나돌았다. 이는 검찰의 주류인 서울법대 출신이 아닌 데다 전공이 전기공학이기 때문이기도 하다. 하지만 진형구 씨는 1998년 김대중 정부에서 대검찰청 공안부장으로 전격 발탁됐다. 공안 경력이 전무한 그가 공안부장이 된 배경에는 그 당시 김태정 검찰총장(1997년 8월~1999년 5월)과 깊은 인연이 있었던 것으로 알려졌다.

한동훈의 장인 진형구 씨는 1999년 이른바 '조폐공사 파업 유도 사건'으로 해임, 구속된 인물이다. '조폐공사 파업 유도 사건'은 진형구 전 검사장이 기자들과 폭탄주를 마시다가 털어놓은 발언에서 비롯된 사건이었다. IMF 사태 직후에 쏟아지던 공기업 구조조정에 대한 불만을 일축하고 공안정국을 조성하기 위해 강성이었던 조폐공사 노조의 파업을 유도한 것이다. 진형구 전 검사장은 해직과 함께 구속됐고, 이후 대법원에서 유죄가 확정됐다.

그 당시 김대중 정부의 법무부 장관이었던 김태정도 책임을 지고 옷을 벗었다. 그만큼 조폐공사 파업유도사건이 파렴치하고 악랄해 IMF로 고통당하던 국민의 원성이 높았기 때문이다. 진형구 씨의 윗선 라인으로 알려진 김태정은 법무부 장관에 임명되고 불과 보름 만에 전격 해임됐다. 사안이 그만큼 엄중했다. 무엇보다 IMF가 터진 직후여서 수많은 노동자가 해고되는 아픔을 겪고 있었다. 따라서 진형구 전 검사장의 조폐공사 파업유도 사건으로

공사 조노원 100여 명이 해고되자 원성이 극에 달했던 것이다.

장인과 처남 '재벌 테마주 조작 사건 연루'

조선일보와 주간 뉴스타파 등 국내 주요 언론 보도에 따르면 한동훈의 장인 진형구 전 검사장과 한동훈 처남 진동균 전 검사가 과거 〈재벌 테마주 주가조작〉 사건에 연루된 정황이 확인됐다. 이 사건은 지난 2008년 세상을 떠들썩하게 했던 '뉴월코프 주가 조작 사건'이다. 당시 사건의 주범으로 구속된 조모 씨는 재판에서 자신이 횡령한 것으로 기소된 돈의 일부인 3억 원을 진형구 전 검사장이 가져다 썼다고 주장한다.

이후 주가 조작범 조모 씨는 진형구 전 검사장 아내 소유인 강남의 고급 아파트(당시 시가 약 67억 원대)에 가압류까지 걸었던 것으로 알려졌다. 진형구 전 검사장은 조씨가 실질적으로 소유한 회사의 이사와 감사로 재직하기도 했다. 게다가 한동훈의 처남이자 진형구 전 검사장의 아들인 진동균 전 검사는 주가 조작범이 소유한 회사의 유상증자에 참여했다. 그리고 5,000만 원 상당의 차익을 거둔 것으로 알려졌다. 무엇보다 한동훈의 처남 진동균은 그 당시 30세의 나이로 사법시험을 준비하던 중이어서 돈의 출처와 주가 조작범이 소유한 유상증자에 참여한 배경에도 많은 관심이 모아졌다.

조씨는 자신이 처음으로 인수한 '뉴월코프'의 자금을 이용해 '아이에스하이텍'을 인수했고, 아이에스하이텍 자금으로는 덱트론을 인수했다. 이 세 회사에서 조씨가 횡령한 돈은 수십억 원에 이르는데, 조씨는 횡령한 돈 가운데 상당 부분은 자신이 아니라 다른 사람들이 임의로 사용한 돈이라고 주장했다. 특히 그중 3억 원을 쓴 사람으로 진형구 씨를 지목했다. 그러나 법원은 조씨의 주장을 받아들이지 않았다.

그래서 의문이 남는다. 조씨는 왜 사건과 무관한 진형구 전 검사장이 돈을 가져다 썼다고 지목한 것일까? 조씨가 지목한 사람은 모두 4명인데, 그중 2명은 조씨와 공범으로 함께 기소된 인물들이고 나머지 1명은 조씨에게 돈을 뜯긴 피해자다. 조씨가 지목한 나머지 3명이 모두 사건 관계자라는 점을 감안하면 진형구 씨를 지목한 것은 이해가 어렵다. 검찰이 작성한 공소장에도 진형구라는 이름은 아예 등장하지 않는다. 진형구 씨는 정말로 이 사건과 아무런 관계가 없었을까?

뉴스타파에 따르면 주가 조작범 조씨가 실질적으로 소유한 회사들의 등기부 등본에서 진형구 전 검사장의 이름을 발견했다. 조씨가 '뉴월코프'와 '아이에스하이텍'을 인수한 뒤 회사 자금을 횡령해서 세 번째로 인수한 '덱트론'의 감사로 진형구 전 검사장이 등재돼 있었던 것이다.

진형구 전 검사장이 덱트론 감사로 취임한 것은 2008년 3월 14일, 조씨가 덱트론을 인수한 지 약 1년 뒤다. 그로부터 12일 뒤인 3월 26일, 조씨의 최측근인 선병석 전 서울시 테니스협회장이 덱트론의 대표이사에 취임한다. 즉 진형구 씨는 조씨가 덱트론의 새 경영진을 꾸리고 자신의 최측근을 대표이사에 앉힌 시점에 함께 들어가 감사로 취임한 것이다. 진형구 씨가 덱트론의 감사직에서 사임한 시점은 취임 석달 뒤인 2008년 6월 24일, 뉴월코프 주가조작 사건에 대한 검찰의 압수수색이 있기 한 달 전이다.

진형구 씨는 또 '파인오토렌탈'이라는 회사에도 이사로 이름을 올렸다. 파인오토렌탈은 판결문에 "조씨가 실질적으로 소유한 회사" 중 하나로 적시돼 있다. 법인 등기부에 따르면, 진형구 전 검사장은 파인오토렌탈의 이사직에 2007년 8월 13일 취임했고 2012년 12월 3일까지 이사직을 유지했다. 특히 진형구 씨가 '파인오토렌탈'의 이사로 이름을 올린 시기가 의미심장하다.

조씨가 재판에서 진형구 전 검사장이 돈 3억 원을 임의로 가져갔다고 주장한 시점이 2007년 7월 30일이기 때문이다. 그로부터 보름 뒤에 진형구 전 검사장은 조씨의 회사에 이사로 이름을 올렸다. 즉 진형구 씨가 돈을 가져간 것으로 조씨가 주장한 시점은 두 사람이 모종의 비즈니스 관계를 맺고 있던 시기와 매우 비슷하다.

처남 진동균 '유상증자 참여 5천여만 원 수익'

주가 조작범 조씨의 판결문에 등장하는 진형구 씨의 가족은 또 있다. 바로 진형구 전 검사장의 아들이자 한동훈의 처남인 진동균이다. '뉴월코프 주가조작 사건'의 판결문에 따르면 조씨가 인수한 '아이에스하이텍'은 2007년 6월 300억 원 규모의 제3자 배정 유상증자를 실시했다. 당시 유상증자에는 정일선과 정문선, 정대선 등 현대가 3세들이 참여했고, 이 사실이 공시되면서 주가는 가파르게 치솟았다. 당시 유상증자에 참여한 투자자 26명 가운데 한동훈의 처남 진동균이라는 이름이 있다.

제3자 배정 유상증자 당시 주당 가격은 1,785원이었고 이후 주가는 3,700원까지 올랐다. 진동균은 5,000만 원을 투자해 28,490주를 배정받았다. 최고점에 주식을 팔았다면 대략 5,400만 원의

이 ▓ ▓	관 계 없 음	854,700	~~낙서~~
조 ▓ ▓	관 계 없 음	854,700	
김 ▓ ▓	관 계 없 음	740,740	
박 ▓ ▓	관 계 없 음	56,980	
정 ▓ ▓	관 계 없 음	284,900	
김 ▓ ▓	관 계 없 음	284,900	
박 ▓ ▓	관 계 없 음	569,800	
이 ▓ ▓	관 계 없 음	569,800	
Me ▓ ▓	관 계 없 음	1,025,641	
김 ▓ ▓	관 계 없 음	911,680	
이 ▓ ▓	관 계 없 음	911,680	
정 ▓ ▓	관 계 없 음	284,900	
김 ▓ ▓	관 계 없 음	28,490	
진 동 균	**관 계 없 음**	**28,490**	
유 ▓	대 표 이 사	455,840	1년간보호예수
이 ▓	이 사	398,860	1년간보호예수

〈판결문에 나오는 '아이에스 하이텍' 유상증자 참여자 명단에는 한동훈의 처남 진동균이 5,000만 원을 투자해 28,490주를 받은 것으로 나타났다.〉

시세차익을 올린 것으로 추정된다. 당시 진동균의 나이는 30세였다. 그는 사법시험에 합격하기 3년 전이었다.

따라서 진동균이 주가조작 유상증자에 투자한 큰돈의 출처에도 세인의 관심이 쏠리고 있었다. 직업이 없이 사법시험 준비생으로 5,000만 원이라는 거액을 마련해 투자한다는 것이 보통 사람들에게는 상상할 수 없는 큰돈이기 때문이다.

장인은 '골수 민주당에 친중(親中) 주간지 발행인'

한동훈 장인 진형구 씨는 대검 공안부장 재직 당시 조폐공사 파업유도 사건 당사자로 파문을 일으키며 징역형을 받고 검찰을 떠났다. 그런데 진형구 씨는 전혀 자신과는 상관이 없을 것으로 보이는 친중국 주간지 발행인으로 변신해 법조계 안팎에서는 생뚱맞은 진형구 씨의 행보에 큰 화제를 불러일으켰단다.

진형구 전 검사장은 조폐공사 파업 유도라는 불미스러운 사건으로 검찰의 옷을 벗은 뒤에 **'차이나 라이프'**의 발행인이 된 것이다. 이마저도 이상한데, 진형구 씨가 발행하는 '차이나 라이프'는 중국 공산당의 이념을 홍보하고 선전하는 중국 정부의 전문 기관지인 '인민일보'와 제휴를 맺은 것으로 알려졌다.

진형구 전 검사장은 2002년 12월 27일 "평생 법조인으로 쌓은 경험을 앞으로 언론인으로서 사회에 보답하고 싶다"라면서 "중국은 우리와 가장 가까운 이웃이고 무역, 유학생 진출 등에서 최대 교류 국가인데도 너무 모르고 있다는 생각이 들어 인민일보와 제휴를 맺은 김에 중국을 제대로 알려야겠다고 판단했다"라며 '차이나 라이프'라는 중국 관련 종합전문지 발행인이 되었으나 실제로 발간된 것은 확인되지 않았다.

그는 또 한-중 투자컨설팅 회사인 '(주) K&C 글로벌 네트워크'를 설립함으로써 전직 공안 검사라는 자신의 과거 직책과는 어울리지 않는 급격한 친중국 행보를 보였다. 하지만 한편으론 이미 친중국 성향을 가진 민주당 정치인으로서 그리 놀랄 일은 아니라는 시각도 있다. 진형구 씨가 민주당계 정당의 아버지로 불리는 해공 신익희 기념사업회 추진 위원회 위원장을 맡기도 했다. 더불어민주당은 매년 민주당 창당 기념일에 신익희 생가에서 창당 기념식을 개최하고 있는데, 진형구 씨가 기념사업회 위원장을 맡았던 적이 있었다.

특히 진형구 씨는 김대중 정권 때 전격 발탁된 인물로서 김대중 정권의 인사들하고도 매우 가까운 사이다. 2004년 2월 진형구 씨는 지난 17대 총선에서 경기도 광주시 민주당 경선 후보로 출마했다. 그러나 민주당 중앙당에서 발생한 당 혁신에 따른 내분과 관련, 당초 영입대상으로 추천받아 공천신청을 제출한 진형구 씨는 자신을 포함한 모든 영입 대상지역을 후보경선 지역으로 전환하자 출마를 포기한 것으로 알려졌다.

이처럼 한동훈의 장인 진형구 전 검사장의 정치적 행보는 언제나 좌파 진영에서 인생길을 걸어온 자다. 따라서 한 정치인은 "진형구 전 검사장이 사위 한동훈에게 보이지 않은 손으로 정치적 영향력을 미치는 것으로 생각한다"라고 말했다. 그런 점에서 좌파적 성향이 강한 한동훈이 골수 우파를 표방하는 윤석열 대통령과는 정치적인 이념이 맞지 않다. 따라서 두 사람이 같은 정치적 행보를 한다는 것은 불가능하다고 봐야 한다.

한동훈이 지난 4·10총선 선거운동 때도 광주 내려가기 하루 전날 대구 중남구에 출마한 도태우 후보를 '5·18에 관한 비판 이야기했다'라고 국회의원 선거 후보로 선정하고도 사퇴시켰다. 지금 국민의힘 대표를 맡고 있는 한동훈은 사실상 좌파에 가까운 정치적 성향을 가진 인물이다. 따라서 국민의힘 내부에서조차도 "이런 자가 국민의힘 대표를 맡은 것은 고양이가 생선가게를 맡고 있는 것과 무엇이 다른가?"라고 반문하는 정치인들이 많다.

이제 국민의힘 정치인들은 물론 진성당원과 우파를 지지하는 사람들은 모두 정신을 차려야 한다. 무엇보다 한동훈의 정체성과 그가 걷고 있는 정치적인 행보를 보고도 한동훈을 우파 정치인으로 믿는다는 것은 난센스기 때문이다.

무엇보다 한동훈은 역사 인식과 국제정치에 관한 인식 능력이 턱없이 부족하다. 따라서 한동훈은 지금 자유민주주의 대한민국이 나아가야 할 방향을 제대로 인지하지 못하고 있다. 그리고 한동훈이 윤석열 대통령과 척지는 것은 특정 이념에 사로잡혀 있거나 좁은 시야에 머물러 있기 때문에 앞으로도 계속해서 대통령과 화합하기 보다는 잡음을 일으킬 것이 더욱 분명해진다.

韓, 처남 '여검사 추행, 법정 구속된 성범죄자'

한동훈 처남 진동균은 지난 2015년 서울 남부지검에 재직하던 중 만취한 후배 여검사를 성추행한 혐의로 사직서를 냈다. 하지만 검찰은 징계나 수사하지도 않은 채 그의 사직서를 수리했다. 검찰 주변에서는 "아버지 진형구 전 검사장이고, 매형은 잘 나가는 한동훈 검사인 '검찰 귀족 집안'의 자제라서 봐준 것 아니냐"라는 말이 흘러나왔다. 그런데도 진동균은 이후 CJ 상무로 취업했다. 귀족 검찰의 위세가 얼마나 높고 등등한지를 보여주는 대목이다.

그러나 상황은 급반전된다. 2018년 미투 운동을 촉발시킨 서지현 검사에 의해 마침내 진동균 전 검사의 문제가 공론화된다. 검찰도 더 이상 뭉갤 수가 없게 된다. 검찰은 그제야 진동균을 수사해 기소했다. 징역 10개월 형을 받은 진동균은 2심에서 법정 구속됐다. '그때는 틀리고 지금은 맞는' 검찰의 자의적 기소가 또 한 번 '개검(권력의 개)'임이 드러난 순간이었다. 하지만 한동훈의 처남 진동균의 성추행 사건은 검찰의 대표적인 감찰 무마 의혹이라는 부끄러운 사례로 지목되고 있다.

조작으로 쌓아 올린
한동훈 처가의 '아이비 캐슬'

　한동훈 대표의 처가가 주축이 된 미국 캘리포니아 산호세 지역의 스펙쌓기 네트워크의 실상을 알아보자. 이번 스펙쌓기 네트워크가 처음에는 한동훈의 장녀 한모 씨의 문제로만 달아올랐다. 그러나 점차 한동훈의 조카로까지 이어지면서 문제의 심각성이 커지기 시작한다. 급기야 한동훈의 장인인 진형구 전 검사장에 이르기까지 문제가 확대되면서 그 실체의 면모가 드러나기 시작한다.

　한동훈 대표의 처가의 산호세 스펙쌓기 네트워크의 실체는 한동훈의 딸과 조카, 그리고 장인인 진형구 씨의 손자와 손녀 등

4명을 축으로 한 이른바 캘리포니아 산호세 스펙쌓기 네트워크의 면모가 완전히 드러나게 된다. 특히 이들은 봉사단체 활동, 논문 공저자 참여 등 다양한 스펙 연결고리를 통해 마침내 산호세 스펙 네트워크에 참여한 14명의 특정인 자녀 명단의 그림이 완성된다.

《뉴스타파》에 따르면 이들은 남의 논문을 표절하고 약탈적 학술지에 게재하는 방식으로 그들만의 허위와 조작으로 스펙을 쌓아 올린다. 산호세 스펙 네트워크의 특별한 점은 진형구 전 검사장의 법조계 패밀리를 축으로 얽혀있다는 것이다. 무엇보다 학생 신분인데도 《팬데믹 타임즈》라는 언론사를 창간했다. 학생이 언론에 기사 한 건을 취재해 게재하는 것만도 대단한 일이다. 하지만 이들은 기사만 쓰는 것이 아니라 신문을 창간해 전체 사회활동을 미리 실행한다는 것인데, 이는 엄청난 스펙이 될 수 있다.

한동훈 대표의 장녀 등이 만든 《팬데믹 타임즈》는 언론 보도 이후 갑자기 활동을 멈추었다. 무엇이 구린 탓인지 일부 기사는 비공개 처리했다. 산호세 스펙 네트워크에 참여한 학생들은 언론 공개 당시 대부분 고등학생으로 한창 스펙을 쌓아가는 중이었다. 만약 한동훈의 장관 인사청문회가 없었다면 이는 언론에 공개되지 않고 수면 아래서 조용히 진행됐을 것이다. 법무부 장관 인사청문회에서 문제가 불거지자 한동훈은 "이는 입시에 쓰이지도 않았고 쓸 계획도 없는 습작 수준의 글을 올린 것이다"라고 교묘히 피해 갔다.

한동훈 대표 처가의 '아이비 캐슬'은 당시 조국이 문재인 정권 법무부 장관에 오르면서 자녀들의 조작과 거짓 스펙쌓기가 인사청문회에서 드러난 것처럼, 한동훈 대표도 마찬가지였다. 그도 법무부 장관 인사청문회에서 문제점들이 속속 밝혀졌다. 만약 이번에 한동훈 전 장관의 인사청문회가 없었다면 한동훈 대표의 딸과 처가 자녀들의 문제도 아무도 모르게 지나갔을 것이다.

하지만 한동훈의 처가를 주축으로 한 아이들의 스펙 쌓기는 장관 인사청문회에서 엄중하게 공론화됐다. 그렇다면 이에 대해 현재 우리는 어떤 결론을 내릴 수 있을까? 당사자 중 한 사람인 한동훈은 전혀 문제가 될 것이 없다고 주장한다. 법무부 장관 인사청문회에서 모 의원의 질문에 한동훈은 "제가 여러 가지로 말씀을 드렸죠? 제가 알지 못했지만 제가 지금까지 확인한 바로는 편법과 반칙이 없었다"라고 답변했다.

편법과 반칙이 없었다는데 해당 아이들과 학부모는 왜 일제히 침묵하고 있는 것일까? 아이들에게는 거액인 돈을 들여 애써 만든 논문은 왜 삭제할까? 여론이 가라앉기를 바라는 모양새다. 이렇게 아무런 결과가 없이 흐지부지된다면 교육 불평등에 대한 근본적 성찰을 놓치게 된다. 물론 자본주의 사회에서 어떤 형태의 입시 시스템이든 부모의 경제력이나 권력의 도움에서 떠날 수 없다. 부모가 권력이나 돈 등 세력을 가진 아이들의 학업 출발선이 다른 것은 인정한다고 하더라도, 그 과정에 있어서는 최대한 공정성이 보장돼야 한다. 그래야 결과가 정의로울 수 있다.

그러나 한동훈 처가가 쌓아 올린 스펙은 편법을 넘어서 표절과 조작을 한 것이기 때문에 이 경우는 편법이나 꼼수가 아니라 불법이다. 결코 좌시해서는 안 된다는 것이 학계의 중론이다. 자본주의 국가에서 우리 사회가 부유해지면서 한 가족의 사회-경제적 지위가 자녀 교육환경에 절대적인 영향을 미치고 있는 것은 사실이다. 그러나 문제는 이런 일탈이 어느새 사회나 국가의 역동성을 가로막는 고질적인 병폐가 되고 있다는 것이다.

학계는 "한동훈 처가의 스펙 쌓기처럼 표절과 대필, 그리고 데이터 조작, 약탈적 학술지를 이용한 불법까지 방치한다면 학문 공동체는 물론 사회나 국가 공동선도 무너질 우려가 있다"라고 진단한다. 내 자식만은 좋은 학교에 보내야겠다는 부모의 비뚤어진 열망이 모여 이런 반칙과 불법행위를 수수방관했을는지도 모른다.

매우 작은 것으로 생각한 논문 표절행위가 점차 약탈적 학술지를 악용하고 대필작가의 고용으로까지 이어지고, 나아가 불우한 청소년을 돕는 봉사활동이 미국 아이비 대학을 가기 위한 스펙으로 둔갑하는 순간, 무심코 저지른 작은 반칙으로 시작한 학생들의 스펙 쌓기는 눈덩이처럼 커져 결국 돌이킬 수 없는 범죄행위가 될 수 있다.

어떤 분야든 조작이라는 것은 굉장히 심각한 문제이다. 더욱 심각한 것은 우리 지도층 인사들이 이 문제를 제대로 인식을 못하고 있다는 것이다. 이보다 먼저 비슷한 문제점으로 드러난 나경원과 조국의 자녀 스펙 쌓기가 불거졌을 때도 말만 무성했을 뿐, 이를 통해 우리 사회는 제대로 된 성찰적 교훈을 얻지 못했다. 그 사이 계층과 계급에 따른 교육 불평등은 더욱 심화하고 고착됐다. 여기다 계층 사다리마저 무너지면서 경제적 불평등이 고스란히 대물림되고 있다. 어느새 우리 사회는 힘없고 돈 없고 배경이 없는 아이들의 설자리는 누에가 뽕잎 갉아 먹듯 빠르게 사라지고 있다.

무엇보다 노블레스 오블리주를 솔선수범해야 할 지도 계층에서 이러한 불법과 편법, 조작이 계속된다면 누구나 성공할 수 있다는 보통 사람의 꿈은 좌절되는 사회가 된다. 계층 이동이 막히면 사회가 침체되고 결국 다수 국민이 불행하게 되는 그런 사회로 전락할 수 있다. 따라서 대한민국 모든 아이에게 평등한 기회와 공정한 과정이 주어지고 있는가? 그리고 과연 결과는 정의로운가? 우리는 이러한 질문을 던지며 한동훈의 처가가 조작으로 쌓아 올린 '아이비 캐슬'을 통해 교훈을 얻는 계기를 마련해야 한다.

《뉴스타파》가 미국 캘리포니아 산호세 허위 스펙 네트워크를 추적한 보도에 따르면 허위 스펙 네트워크에는 모두 14명의 학생이 참여한 것으로 드러났다. 이들은 또 표절과 데이터 조작같은 연구 부정행위와 함께 저작권 위반 같은 불법을 동원해 허위 스펙을 만들어왔다. 신문은 이들이 작성한 논문에 나타난 데이터 위변조와 조작 문제를 집중 분석 보도했다. 신문이 확보한 학생들의 논문은 25편인데, 이중 설문조사 등 데이터에 기반한 실증 연구 논문의 5편을 확인한 결과 황당한 불법 사례가 수없이 많았다.

신문보도에 따르면 〈시위에서 SNS의 역할과 영향: 한국 촛불 시위의 사례를 중심으로 파이썬을 이용해 데이터 시각화〉라는 논문이다. 이 논문은 뉴멕시코 주립대학교 이상원 교수의 논문을 짜깁기로 표절했다. 이는 데이터를 다른 곳에서 표절하다 보니 한국의 촛불시위에 흑인과 히스패닉이 참여했다는 황당한 데이터가 논문에 실린 것이다.

나머지 논문 4편도 데이터 위변조와 조작으로 얼룩져 있다. 한 논문에서는 미국 캘리포니아 성인들의 구강 건강과 불평등 문제를 다룬다면서 브라질 환자들의 데이터를 가져왔다. 게다가 다른 논문들에서도 원논문의 가설과 방법론을 이해하지 못한 상태에서 데이터만 표절해 짜깁기 하다 보니 데이터들이 뒤죽박죽으로 엉망진창이 된 것이다. 데이터 조작은 학문적 부정행위 가운데서도 가장 심각한 유형으로 꼽힌다. 논문에 대한 자세한 분석 내용은 《뉴스타파》의 기사를 참고하면 된다.

이를 추적 보도한 《뉴스타파》에 따르면 '산호세 허위 스펙 네트워크'에는 한동훈의 처조카뿐 아니라 딸도 포함돼 있다. 특히 이들이 네트워크의 중심축을 이루고 있었다. 교육 전문가들은 당시 한동훈이 장관으로 임명되지 않아 문제가 불거지지 않았다면 한동훈의 딸도 마찬가지로 처조카들과 매우 비슷한 방식으로 스펙을 쌓아 미국 명문 대학에 진학한 뒤 유학파 출신의 엘리트로 돌아왔을 가능성이 높다고 진단한다.

한동훈 이모부
이근성 '민청학련사건 무기수'

이근성은 좌파 인터넷 매체 '프레시안' 설립

　박정희 대통령시절 대한민국 4대 간첩단사건은 통혁당(통일혁명당: 1964~1968)사건, 인혁당(인민혁명당: 1차=1965~1972: 2차=1967~)사건, 민청학련(1974년)사건, 동백림(동베를린: 1967년)사건 등을 말한다. 이들 간첩단 사건 중에서도 민청학련에서 활약하다 체포돼 무기징역을 받은 사람이 한동훈의 이모부 이근성이다.

　한동훈의 이모부 이근성(1951년생, 현 프레시안 상임고문)과 함께 당시 활약한 인물 중에는 김대중 정부 시절 민주당 요직을 맡았던 '이해찬-이철-유인태-김근태-정동영-장영달' 등과 '손학규-장기표-홍성우-유홍준-서경석 목사' 등 좌파 정치인으로 영달한 자들이 많다. 당시 모두 253명이 구속됐으며, 지금도 이자들이 배후에서 직간접적으로 더불어민주당에 영향력을 행사하고 있다. 그리고 강신옥과 손학규, 서경석 목사 등은 우파로 돌아서기도 했다.

한동훈 이모부 이근성은 민청학련사건에 연루된 자로서 내란음모죄로 무기징역에서 징역 20년, 자격정지 15년으로 감형을 받았다. 이근성은 이후 지난 2001년 좌파 인터넷 언론 매체인 '프레시안(Pressian)'을 창립했다. 프레시안은 현재 대한민국의 대표적인 인터넷 좌파 언론으로 꼽힌다. 프레시안 창업주 이근성은 더불어민주당 좌파 정치인 이해찬-한명숙 등과도 친한 골수 좌파로 알려졌다.

한동훈 주변을 보면 정치적 신념은 좌파와 가까운 인물이다. 한동훈이 법무부 장관으로 재직할 당시 이재명과 문재인을 수사하고 처리하는 과정에서도 매우 소극적이었다. 특히 전북 출신인 이원석 검찰총장과 투톱으로 이재명과 문재인 문제를 처리해 온 것을 보면 이미 수사가 거의 끝난 사건도 기소하지 않고 대충 뭉

개면서 변죽만 울리다 말았던 사건들이 많았다.

한동훈이 문재인 정권에서 '화양연화' 하던 방식으로 수사했다면 지금 이재명과 문재인 등 더불어민주당 인사들 가운데 적어도 100여 명은 이미 감옥에 들어가 있어야 한다. 이재명, 조국, 황운하, 그리고 돈봉투 받은 자들이 모두 범법자인데도 배지 달고 활개 치면서 버젓이 정치활동을 이어가고 있는 것은 무엇보다 한동훈과 이원석의 책임이 크다고 말하는 법조인들이 많다.

한동훈의 더 큰 문제는 〈4·10 총선 백서〉를 아직도 공개하지 않고 있다는 것이다. 한동훈은 김건희 여사 문제를 윤석열 대통령에게 건의하면서 "우리가 먼저 깨끗해져야 한다"라고 압박한다. (물론 김건희 여사 문제가 현재 이슈라는 것은 사실이다.) 하지만 한동훈이 '우리가 깨끗해져야 한다'라는 말을 실천하기 위해서는 〈4·10 총선 백서〉부터 공개해야 한다.

총선 백서에는 한동훈이 총선을 말아먹은 패배 책임을 비롯한 전반적인 문제점이 담겨 있다. 이런 문제점은 덮어두고 김건희 여사 문제를 먼저 들고 나오는 것은 야비하다. 이는 제대로 정치를 하자는 것이 아니고 판을 깨자는 것과 뭐가 다른가? 한동훈은 지금 더불어민주당의 파렴치한 정치 행태를 날마다 접하면서도 더러운 자기 모습은 감추고 남의 치부를 드러내려는 것은 사내답지 못하다. 한동훈의 처신대로 가다가는 자칫 대한민국을 파국으로 몰고 갈 수 있다. 한동훈은 굉장히 위험한 정치 게임을 벌이고 있는 자다.

특히 한동훈은 '디올백' 등 김건희 여사의 문제는 국민의 눈높이를 들이대면서 비난한다. 하지만 문재인의 아내 김정숙 여사의 '옷 문제'나 '대통령 전용기'를 타고 인도 타지마할을 다녀온 것은 한 번도 거론한 적이 없다. 한동훈이 부르짖는 국민 눈높이의 준거가 무엇인지 궁금하다.

한동훈 '박정희 추도식에서 봉변 당했다'

2014년 10월 26일 거행된 서울특별시 동작동 국립묘지에서 거행된 박정희 전 대통령 45주기 추도식에서 한동훈이 심한 모욕과 봉변을 당했다. 이날 추도식장에서 **"야! 한동훈 여기가 어디라고 감히~~, 나가라~~"라는 거친 발언이 쏟아졌다.** 게다가 박 대통령 차녀인 박근령 육영재단 이사장은 참석 내빈을 소개하며 코앞에 앉은 한동훈은 이름조차 거명하지 않았다고 한다.

이에 대해 한 정치인은 "문재인 정권이 적폐 몰이를 할 때 가장 큰 활약을 한 한동훈이 그 당시 가혹한 피해를 본 박근혜 전 대통령에게 단 한마디도 사과를 언급한 적이 없다"라며 "그 구원(舊怨)의 앙금 때문이 아닐까 생각한다"라고 말했다.

〈한동훈이 10월 26일 박정희 대통령 45주년 추도식에 나타나 참석자로부터 봉변을 당했다. 왼쪽부터 김문수 노동부 장관, 추경호 원내대표, 한동훈 대표, 오세훈 서울시장이 참석하고 있다.〉

그러면서 "윤석열 대통령은 직접 박근혜 전 대통령을 여러 차례 만나 따뜻하게 대우하면서 심심한 사과의 말을 전하는 인간다운 면모를 보여주었다"라고 덧붙였다. 추도식에는 정희용 의원, 한승수·정홍원·황교안 전 국무총리 등도 참석했다.

親 한동훈계 '박근혜 탄핵 62적'을 회고하라!

지난 4·10총선에서 한동훈이 비상대책위원장을 맡아 총선을 지휘했다. 하지만 결과는 대한민국의 양당 구조 의회 역사에서 전례가 없는 가장 비참한 패배와 수모를 당했다. 한동훈이 이끈 국민의힘은 지역구와 비례대표를 합쳐 겨우 108석을 얻었다.

하지만 더불어민주당은 182석에다 함께할 야당 의석을 합쳐 190석을 석권하는 압승을 거두었다. 더불어민주당은 국회를 비정상적으로 이끌며 사실상 의회 독재를 휘두르고 있다. 희대의 범죄자 이재명의 방탄을 위해 판검사를 탄핵으로 협박한다. 그리고 의회를 파행으로 이끌면서 행정부 및 유관기관 인사들의 탄핵도 모자라 특검법을 밥먹듯이 내지르고 있다.

상황이 이런데도 한동훈은 총선 대패에 관한 일말의 책임이나 반성도 없이 곧바로 국민의힘 당대표를 차지하는 파렴치를 보였다. 게다가 윤석열 대통령과 대립하고 있다. 무엇보다 한동훈은 자신의 총선패배 책임과 패배 원인 및 향후 대책 등을 담은 〈4·10 총선 백서〉는 선거를 치른 지 반년이 지났는데도 아직 공개하지 않고 있다. 그러면서 윤석열 대통령을 압박하면서 자기 정치 기반을 다지기에 열을 올리고 있다.

한동훈과 함께 정치를 하는 친한(親韓)계로 분류되는 20명가량의 의원을 데리고 윤석열 대통령을 압박하는 설익은 정치 행태를 보이고 있다. 그러나 최악의 경우 이들을 이끌고, 다시 한번 박근혜 대통령을 탄핵한 어리석음을 저지른다면 너희는 대한민국 역사에서 영원한 역적으로 기록될 것이라는 점을 명심하라.

무엇보다 한동훈을 지지하는 친한계는 〈**박근혜 탄핵 62적**〉의 말로를 보라. 1급 배신자로 낙인찍힌 〈**김무성-유승민-김성태-권성동-장재원-하태경-김용태-이혜훈-정진석**〉중 권성동을 제외하고 아무도 배지를 달지 못하고 모두 퇴출됐다. 이게 민심이란다.

박근혜 탄핵 1급 배신자를 포함한 〈**탄핵 62적**〉이 영원히 정치인 구실 못하는 것은 우파 국민의 뇌리에 배신자로 깊이 낙인찍혔기 때문이다. 이자들은 자당 대통령을 탄핵한 희대의 정치 양아치들이다. 우리 우파 국민은 금배지를 팔아 민주당에 부역한 이 배신자들을 날마다 저주하면서 대한민국 정치판에서 영원히 사라지기를 기도하고 있단다.

한동훈은 지저분한 정치
그만하고 조용히 떠날 준비하라!

한동훈 家 '당 게시판 尹 비난…민주주의 위협'

신평 변호사가 11월 18일 "윤석열의 시간이 오고 있다"라면서 "한동훈이나 그 일족이 직간접적으로 관여한 것이 분명한 '당원 게시판 여론조작 사건'이 우연히도 들통이 나버렸다"라고 주장했다. 그러면서 "민주주의 근간을 위협한 한동훈은 지금 명예로운 퇴진을 준비 중이다"라고 일갈했다.

신평 변호사는 "윤석열 대통령은 그동안 내우외환의 시련에 시달렸다"라며 "내부적으로는 한동훈의 집요하고 뼈아픈 공격이 이어졌고, 외부적으로는 이재명을 위한 민주당의 '방탄 국회' 운영으로 극심한 대치 정국이 초래돼 이로 인해 생긴 힘겨운 부담을 윤 대통령이 고스란히 떠안아야 했다"라고 말했다.

친윤(親尹)계로 분류되는 김민전 국민의힘 최고위원도 당원 게시판에 한동훈 대표와 가족의 이름으로 윤석열 대통령 부부를 비방글이 대거 올라온 의혹을 다시 공개적으로 언급하며 당무감사를 촉구했다.

김민전 최고위원은 또 이재명의 선거법 위반 혐의 1심 판결을 언급하면서 "한동훈 대표가 말한 '너희는 더 나으냐' 이 잣대로 우리는 스스로를 돌아봐야 한다"라고 강조하면서 한동훈을 압박했다.

홍준표 대구시장도 연일 (한동훈 가족의) 당 게시판 논란을 언급하며 한동훈 저격에 가세하고 있다. 홍준표 시장은 "음모와 모함이 판치는 정치판에서 내가 당당해야 상대방을 비판하고 나를 지지해 달라고 하는 자격이 생기는 것"이라며 "용병정치(用兵政治)에 눈먼 국민의 힘을 이제는 바꿔야 할 때"라고 언급했다. 국민의힘이 외부에서 데려온 인사인 한동훈을 겨냥한 것으로 풀이된다.

이는 한동훈 가족의 이름으로 윤석열 대통령과 김건희 여사를 비방하는 글이 국민의힘 당원 게시판에 대거 올라와 있기 때문이다. 무엇보다 한동훈 자신과 배우자와 모친, 그리고 장인, 장모에 이어 한동훈의 딸 이름의 비방글까지 추가로 드러난 것으로 알려졌다. 사건을 수사 중인 경찰이 당원 게시판 서버 접속 기록에 대한 보존 조치에 나섰다.

다음은 한동훈 가족의 이름으로 올라온 윤석열 대통령 부부를 비판하는 글 가운데 극히 일부다.

"(윤석열이) 야당 대통령인지 헷갈린다", "윤석열 탈당이 답이다", "김건희 씨는 보수 분열의 원흉이다", "당에 오물 묻히지 말고 결자해지하라!"

이에 대해 친윤계는 게시자 이름이 공교롭게도 한동훈의 친딸 이름과 같았고, 그 이름으로 올 9월부터 11월 초까지 무려 152개의 글을 올렸다고 주장했다.

무엇보다 한동훈 부인, 장인, 장모, 친딸, 모친까지 이름이 같은 작성자 모두, 의혹이 불거지자 일제히 활동을 멈추었다. 그러자 한 친윤계는 이게 우연이냐? 우연이 아니라면 나를 고소하라. 이제는 법적 문제를 두려워해야 할 상황이라고 한동훈을 겨냥했다.

급기야 친한계(親韓系)의 한 인사는 "익명성을 보장해 온 당 게시판인데, 뒤늦게 논란이 생겼다고 작성자를 공개할 수는 없다"라고 비열하게 맞서고 있다.

그러자 장예찬 전 최고위원은 "민주주의 파괴범이라고 김경수 복권을 반대하던 한동훈 대표의 내로남불"이라며 "한동훈 가족들이 당원 게시판에서 여론 조작한 행위는 민주주의 파괴 범죄가 아닌가"라고 따져 물었다,

한편 한동훈 가족의 윤석열 대통령 비방의 의혹이 눈덩이처럼 커지고 있는데도, 한동훈은 여전히 분명한 입장을 내놓지 않고 있어 그의 다음 행보가 주목을 받고 있다.

신평 변호사는 "건전한 여론 형성을 핵심으로 민주주의의 근간을 위협하는 중대한 사건"이라며 "지금 그는 (한동훈은) 명예로운 퇴진을 준비중이다"라고 지적했다. 이제 한동훈은 신평 변호사의 말대로 조용히 정치권을 떠날 준비를 하라!

3장
이재명은 어떤 자인가?

"이 세상 주인은 우리입니다.
세상은 우리가 원하는 대로, 대한민국
국민 다수가 혜택을 보는 합리적인 사회가 되어야 합니다.
그렇지 못하게 된 문제의 뿌리는 재벌 대기업 체제입니다.
여러분 '**재벌 체제를 해체하고**' 노동자들이 뿌린 만큼 거두는
공정한 사회를 만드는 것은 그들의 양보가 아니라
우리의 투쟁을 통해서만 가능합니다.
우리는 너무 오랫동안 참았습니다. 우리는 더 참으면 안 됩니다.
일하는 사람이 존중받는 그런 나라를 만들어야 합니다."
                                    -이재명, 대한민국 **혁명하라!**

더불어민주당 당권 거머쥔
이재명은 '주사파'

이재명의 어린 시절과 성장 배경

이재명은 1964년 12월 22일생(실제는 63년 10월 22일)으로, 올해 환갑을 맞은 적지 않은 나이다. 그는 초등학교 시절 부모의 사업 실패로 인해 가정환경이 어려웠다. 이재명은 초등학교 졸업 후 곧바로 공장을 전전하며 '소년공'으로 일했다고 말한다. 그는 공부가 하고 싶어 1978년 고입검정고시에, 이어서 1980년에는 대입검정고시에 합격한다.

그리고 중앙대학교 법학과(82학번)에 입학해 1986년 중앙대학교 법대를 졸업했다. 이재명이 졸업할 당시 막 종북 주사파가 대학가를 휩쓸 무렵이었다. 그래서 시의 상으로 아마도 이재명이 대학교 시절에 종북 주사파 물을 먹었을 가능성은 크지 않았다. 게다가 대학을 졸업하면서 사법시험에 합격한 것으로 보아 대학 시절엔 죽으라 사시 공부에만 매달렸던 것으로 예상할 수 있다.

이어 1989년 사법연수원 18기로 졸업한다. 실력이 일천 했던 탓인지는 몰라도 판검사에 임용되지 못한다. 훗날 '검사 사칭'으로 전과자가 된 것을 보면, 사시 합격 실력이 썩 좋지는 않은 것으로 추정할 수 있다. 따라서 그는 곧바로 민주화를 위한 좌파 변호사 모임인 **'민변(민주사회를 위한 변호사 모임)'**에 가입한다.

그리고 좌파 단체인 성남시 참여연대 집행위원장으로 시민운동을 시작한다. 시민운동은 미래 정치를 위한 발판이었다. 하지만 이재명은 시민운동을 하면서 여러 난관에 봉착하게 된다. 그래서 새로운 결심을 한다. 시민운동을 떠나 정당에 가입해 정치인으로서 인생 승부수를 띄우겠다고 각오한다.

그는 권력을 쟁취하고 행사하기 위해서 정치판으로 뛰어든다. 그리고 2005년 여름 자신의 정치 성향과 걸맞은 열린우리당의 당원으로 가입한다. 사시 합격 이후 변호사로 일하며 10여 년 가까이 시민운동을 했다. 하지만 불혹의 나이에 뛰어든 정치판에서는 애송이였다. 마침내 이재명은 열린우리당에서 정치적 입지를 굳히기 위해 평양행을 결행한다.

이재명의 정치 승부수 '2005년 평양 눈도장'

이재명이 2005년 열린우리당에 가입하자마자 곧바로 그해 가을 북한 정권의 핵심인 평양을 방문한다. 누구보다 권력의 속성을 잘 꿰뚫고 있는 그가 평양을 찾았을 당시엔 김정일이 아버지 김일성으로부터 권력을 세습한 지 11년차, 그야말로 철권통치로 북한 인민을 완전히 손아귀에 넣어 자유자재로 주무르고 있을 때였다.

〈이재명이 2005년 가을 개인 자격으로 평양을 방문, 순안공항에서 안전요원들과 기념 촬영을 하고 있다.〉

이에 앞서 5년 전인 2000년 6월 13일부터 15일까지 2박 3일간 진행된 '제1차 남북정상회담'이 있었다. 이후 김대중의 '햇볕정책'이 빛을 발하면서 남북한의 화해 무드가 최고조에 달했던 시기였다. 게다가 김대중에 이어 노무현이 대통령에 당선됐으니, 남조선에서는 간첩들이 고삐 풀린 망아지처럼 설쳐대고 있을 때였다. 김대중-노무현 때는 국가보안법마저 사실상 무력화되고 있었다.

李, 평양 방문 시 '남북한 화해 무드 최고조'

한편, 김대중이 대통령에 당선되면서 평양 특사로 다녀온 김경재 전 자유연맹 총재의 말에 따르면 "내가 김대중 대통령 특사로 평양을 방문했을 때, 북한 당국의 고위급 간부들은 나(김경재)를 김대중 대통령의 후계자로 잘못 여기고, 김 동지께서 차기 대통령이 되고 싶다면 평양(김정일 정권)과 함께하라. 그러면 우리가 적어도 1,000만 표를 몰아줄 수 있다'고 언급한 것을 직접 들었다"라고 주장하고 있다.

김경재 전 총재의 말에는 엄청난 함의를 지니고 있다. 이는 무엇보다 남한에서 활약하는 간첩들이 대부분 주요 기관이나 단체 등에 스며들어 대한민국의 여론을 좌지우지하고 있다는 것을 보여주는 대목과도 거의 일치하기 때문이다. 지난 97년 남한으로 망명한 김일성종합대학 총장을 (10년간) 역임하고 조선최고인민회의 외교위원장으로서 북한 권력 서열 13위인 황장엽이 "남조선에서 활동하는 간첩이 5만 명이 넘는다"라고 밝혔다.

그러면서 황장엽은 "남한의 주요 정치인이나 목사, 신부 등 다소 무게감 있는 사람이 개인이나 단체로 평양을 방문한다면, 이런 사람은 대부분 간첩 내지 준 간첩으로 포섭될 확률이 매우 높다"라고 덧붙였다. 황장엽이 망명한 이후 8년이 지난 2005년 노무현이 집권하고 있을 당시, 이재명이 평양을 방문했다. 그리고 이 무렵 남한에서는 북파간첩, 고정간첩, 포섭간첩 등 다양한 모습으로 활동하는 간첩들이 적게는 15만에서 많게는 50여만 명이 있는 것으로 정보당국은 추산하고 있었다.

정치적 야망을 꿈꾼 이재명이 이러한 와중에 2005년 평양을 다녀온 것이다. 게다가 이재명은 특정 행사에 참여하기 위한 것이 아니라, 개인 자격으로 방문했다. 그가 아무런 제재도 없이 홀로 평양을 방문할 수 있었던 것은 좌파 노무현이 집권하고 있었기 때문이다. 이재명은 자신이 평양에 다녀온 것을 매우 자랑스러워했다. 이 사실을 알리기 위해 2022년 이재명이 평양에서 찍은 사

〈이재명이 평양을 방문해 안전요원과 함께 '김일성 생가'로 보이는 초가를
둘러보면서 기념 촬영을 하고 있다.〉

진을 네이버 블로그에 직접 여러 장 올렸다.

　당시 이재명이 블로그에 올린 어쩌면 '훈장'과도 같은 사진의
배경을 보면 먼저 평양에 도착한 순안비행장을 비롯해 만경대를
들렀고, 김일성 생가로 보이는 초가집과 대동강, 체육대회 경기
참관, 그리고 호텔에서 여성 안내원과 찍은 것들이 있다. 이재명
은 사진을 블로그에 포스팅하면서 평양에 다녀온 것을 보란 듯이
자랑한다. 이재명이 개인 자격으로 평양을 다녀올 수 있었던 것

은, 노무현 좌파 정부가 허락했기 때문이다.

앞서 황장엽이 밝힌 것처럼 정치인이나 목사, 신부 등 남한에서 존재감이 있는 자가 평양을 다녀온다는 것은 매우 의미심장할 수밖에 없다. 이에 대해 장신대 김홍철 교수는 "이미 북한의 대남 공작 부서에서 이재명을 만나 그의 모든 신분과 사상적 성향을 파악하고 검증한 것이 분명하다"라며 "(이재명은) 북한 정권이 장기적으로 관리해야 할 남한의 정치인으로 분류돼 그동안 북한 당국의 관리를 받아왔을 것으로 보인다"라고 말했다.

그는 또 "이재명이 북한의 대남 공작 부서 인사들과 만나 교분을 나누면서 북한이 가장 신뢰하는 종북 주사파 단체인 경기동부연합에 대한 언질을 받았을 것으로 예상된다"라고 덧붙였다. 실제로 이재명은 평양을 다녀온 이듬해인 2006년 곧바로 열린우리당 공천을 받고 성남시장에 도전하는 등 중견 정치인으로의 변신을 꾀한다. 물론 지지기반이 허접해 낙선의 고배를 마신다.

그러나 이재명은 여기서 멈추지 않는다. 4년간 권토중래한 뒤, 2010년 성남시장에 열린우리당 후보로 재도전하면서 이석기가 이끄는 경기동부연합과 결탁한다. 그리고 마침내 성남시장이라는 자리에 오름으로써, 정치 신인으로서는 엄청난 개가를 올리게 된다. 앞서 김경재 전 자유연맹 총재가 언급했듯이 북한 당국의 입김이 실제로 남한 정치에 미치는 영향력이 얼마나 큰지를 여실히 방증하는 셈이다.

〈2005년 평양을 방문한 이재명이 한 호텔에서 안내원과
기념 촬영을 하고 있다.〉

이재명이 지난 20대 대선에서 비록 간발의 차이(0.73%: 24만여 표)로 패했다. 하지만 이재명과 이석기의 경기동부연합은 이를 패배로 보지 않는다. 이들의 패배는 언제나 2보 전진을 위한 1보

후퇴라고 생각한다. 이재명은 4·10 총선을 통해 당권을 완전히 장악했다. 언론에서는 친명계를 당권파라고도 말한다. 하지만 당권파의 실질적 소유주는 이재명이 아니다. 이는 이석기의 경기동부연합이 더불어민주당을 접수한 것과 다름이 없다. 따라서 지금 10여 개의 중범죄자 혐의를 받는 전과 4범 이재명을 구하기 위해 더불어민주당이 미친 듯이 날뛰고 있다.

보안 사범 간첩 이석기와
이재명의 '밀월'

주사파 이석기를 알면
대한민국은 적화 상태다!

먼저 이석기는 1962년 2월 2일 전라남도 목포시 출생으로, 어린 시절 경기도로 이주한 뒤 성남 성일고등학교와 한국외국어대학교 용인캠퍼스(현 글로벌캠퍼스)를 졸업했다. 지난 80년대 대학 시절 주사파에 물든 이석기는 1990년 후반 김일성 주체사상을 지도 이념으로 하는 **'민족민주혁명당(민혁당)'**의 지도급 조직원이었다.

민혁당은 강철서신의 주인공인 **김영환과 하영옥, 박 모씨** 등 3인방을 중앙위원으로 하고, 중앙위 산하에 경기남부위원회, 영남위원회, 전북위원회가 있었다. 이석기는 경기남부위원장을 맡았다. 1999년에 이 조직이 적발(민혁당사건)되면서 이석기는 3년간이나 도망을 다니다 결국 검거된다.

이석기는 도망 3년 만인 2003년 3월에 체포된다. 국가보안법의 반국가단체 구성혐의로 2심에서 징역 2년 6개월을 선고받고 곧바로 대법원에 상고했다. 그런데 6일 만에 돌연 취하하고 형을 받아들여 구속된다. 이석기의 대법원 상고 취하는 2003년 2월에 출범한 노무현이 새 정부 출범기념 특별사면을 준비할 때라 사면 언질을 받고 취하한 게 아니냐는 의혹이 일었다. 좌파 정부는 주사파와 은밀히 공조하고 있다는 걸 짐작할 수 있는 대목이다.

그러나 이석기는 형이 확정된 지 6개월이 지나지 않았다는 이유로 특별사면에서 제외돼 국가보안법 위반 기결수 가운데 유일하게 구속돼 있었다. 그리고 5개월간 복역한 뒤 2003년 8월 15일 대통령 광복절 특별사면 때 공안 사범으로는 혼자 가석방된다. 다시 2년 후인 2005년 8월 15일 광복절 특사 때 복권까지 이뤄지면서 공무담임권 및 피선거권을 완전히 회복한다. 이석기가 노무현의 임기 내에 연거푸 두 번씩이나 특별사면을 받은 것은 '매우 이례적'이라는 비난이 여기저기서 쏟아져 나왔다.

노무현 정부 당시 문재인이 청와대 민정수석으로 재임했기 때문에 이석기 사면에 대해 책임이 있다는 지적이 강하게 일었다. 그러나 7년 뒤인 2012년 이석기는 통진당 후보로 출마해 국회의원에 당선된다. 이후 이석기는 한 언론과의 인터뷰에서 "그때는 수배 중이어서 민혁당에 가담해 활동한 적이 없다"라고 뻔뻔스럽게 거짓말을 늘어놨다.

무엇보다 특별사면된 이석기가 2005년 2월 서울 서초구 양재동에 기획광고 대행사인 'CN커뮤니케이션즈'를 설립한다. 이석기가 운영한 CN커뮤니케이션즈는 한국외국어대학교 용인캠퍼스와 서울대학교 등 30여 개 대학 총학생회와 동아리 축제 기획 및 홍보사업 등의 계약을 맺어 엄청난 매출을 올린다. 이석기는 이런 수익으로 경기동부연합의 경제적 자립을 통해 종북 주사파 세력 확장에 힘을 얻는다. 그 당시 이석기는 재산 증식으로 논란을 빚기도 했는데, 그가 만든 CN커뮤니케이션즈는 나중에 이재명과 운명적으로 연결된다.

'숙주' 이재명 성남시장과 '기생충' 경기동부연합

이재명이 북한 정권의 핵심인 평양에 다녀온 뒤 그의 정치적인 입지는 확 달라진다. 방북 이듬해인 2006년도에 평양행 티켓이 어떤 힘을 발휘했는지는 몰라도 이재명은 당당히 열린우리당 간판을 달고 성남시장에 도전한다. 하지만 정치적인 기반이 허접한 그는 쓴맛을 본다. 그리고 성남지역의 정치적 및 생태계를 완전히 파악하고 이재명 네트워크를 만들기 위해 4년간 바쁘게 뛰어다닌다. 2010년 성남시장에 재도전한다.

〈안보전문가 이희천 교수가 권영해 전 국정원장과의 특별 대담에서 이재명은 경기동부연합의 실소유주인 이석기 '아바타'라고 주장한다.〉

그 당시 야당에서는 경기동부연합의 김미희(서울대 약대 출신)가 이석기가 이끄는 민노당 후보로 나와 이재명과 경쟁 구도를 이루고 있었다. 그런데 이석기가 절대적 권한을 가진 경기동부연합의 민노당 후보 김미희가 아무런 이유도 없이 전격 사퇴한다. 이는 야당 단합으로 열린우리당 이재명을 성남시장에 당선시키기 위한 모종의 전략이었던 것으로 풀이된다.

이재명 후보 당선을 위해 김미희가 사퇴하면서 경기동부연합은 이재명 선거운동까지 돕는다. 이석기는 이미 성남시를 중심으로 경기도 일대에 탄탄한 조직을 가지고 활동하고 있었다. 게다가 경기동부연합은 벌써부터 선거를 돕는 조직인 선거 홍보 인쇄물 제작과 선거 홍보차량 등을 담당하는 회사까지 운영하고 있었다. 따라서 이석기가 이재명의 성남시장 당선에 결정적인 역할을 하게 된다.

하지만 모종의 선택적 전략에는 북한 당국의 입김이 작용한 것으로 뒤늦게 드러난다. 이렇게 경기동부연합의 도움으로 성남시장이 된 이재명과 경기동부연합은 성남시 경제 생태계를 놓고 '**숙주**'와 '**기생충**'의 관계로 발전한다. 기생충은 숙주가 없으면 생존하지 못하듯이 이때부터 경기동부연합은 자신들의 도움으로 당선된 이재명 성남시장이라는 숙주에 기생하면서 재정적인 기반을 다져 나간다.

무엇보다 자유민주주의 대한민국에서 기생하는 골수 종북 주사 파 경기동부연합은 이재명이라는 성남시장의 숙주를 통해 경제적 파이를 키우면서 남조선 혁명을 위한 자금을 합법적으로 마련한 다. 특히 생활형 주사파인 경기동부연합은 숙주인 이재명 성남시 장에 기대어 먹고사는 문제까지도 해결한다.

경기동부연합은 인구 100만 명이 넘는 성남시가 자체 발주하는 각종 이권 사업을 독식하기 위해 다양한 회사를 설립한다. 이를테 면 매일 아침 수거해가는 쓰레기 청소 담당 업체만 해도 엄청난 이권이 걸린 사업이다. 이 외에도 숙주인 성남시는 기생충인 경기 동부연합이 마음껏 빨아먹을 수 있도록 많은 업체와 일자리까지 도 마련해준다.

게다가 경기동부연합 소속원들도 자립할 수 있는 기반을 마련 한다. 그리고 이들은 주사파 본업인 남조선 혁명운동을 마음껏 펼쳐나갈 수 있다. 여기다 각종 이권 사업으로 거액의 혁명자금을 확보하면서 북한의 지령을 받아 자유민주주의 대한민국을 혁명하 기 위한 정치적 토대를 다진다.

이제 이석기가 이끄는 경기동부연합은 이재명이라는 성남시장을 숙주로 삼아 빨아들이는 거액의 혁명자금으로 급성장을 이룩할 수 있었다. 실제로 경기동부연합은 성남시가 발주하는 각종 이권 사업에 개입해 엄청난 이익을 챙긴다. 그 결과 이석기가 이끄는 종북 주사파 세력은 성남을 기반으로 경기도를 넘어 명실공히 전국 조직의 주사파 본산으로 자리를 잡는다.

이런 공생관계를 통해 이재명이 연이어 두 번, 무려 8년간 성남시장을 한다. 그 사이 이권 개입으로 거액을 챙긴 통진당은 볼륨을 키우면서 정치적으로도 엄청난 일들이 벌어진다. 일례로 2012년 국회의원 선거에서 (나중에 간첩으로 구속되면서 해체된) 통진당이 후보를 내어 당선자를 내고 원내 진출에 성공한다. 결과적으로 이는 남한 간첩들이 대한민국 국회에 진출하는 끔찍한 일들이 벌어진 것이다.

2012년 당시 진보당 출신으로 종북 주사파 대부 이석기를 비롯해 이정희, 김재연, 그리고 비례대표 이상규, 김미희, 오병윤, 김선동 등이 대한민국 국회의원 배지를 달았다. 무엇보다 이들이 국회에서 국방위 등 주요 상임위 위원으로 활동하면서 국가 기밀자료를 요청해 내용을 읽고 발췌해 북한 당국에 정보를 넘기는 간첩행

위를 한 것이다. 천만다행히도 간첩이 국회 배지를 단지 겨우 1년
만인 2013년 8월 28일 '통진당 내란음모' 사건이 터진다. 이 사건
을 통해 종북 주사파의 실체적 전모가 세상에 알려지게 된다.

이재명 성남시장 '숙주'에 기생한
통진당의 간첩들!

통진당 이석기 내란음모 사건의 내막 이렇다. 자칭 혁명가라고
하는 종북 주사파 세력 150여 명이 서울 합정동 소재 모 성당에
모여서 내란음모를 획책하게 된다. 그들은 회의를 통해 머지않아
혁명적인 상황이 도래할 것으로 믿고, 그런 상황이 닥치면 혁명
동지들이 각자 해야 할 역할과 임무를 배당하는 자리였다. 실제로
사제 폭탄을 제조하고, 무기를 만들어 남조선 혁명에 참여할 것을
논의했다.

때마침 천우신조로 한 사람이 이 상황의 전말을 모두 녹음한다.
이날 공개회의의 배경이 매우 특이했다. 왜냐하면 종북 주사파는
그동안 지하에 숨어서 그야말로 비밀스럽게 남조선 해방을 위한
혁명운동을 진행해 왔다. 게다가 3명 이상이 한자리에서 만나는
것은 금기였다. 하지만 이들은 기존의 혁명방식을 완전히 깨고

지하에서 과감히 현장으로 나선 것이다.

<2012년 19대 총선에 당선된 통합진보당 공동대표단과 이석기(맨 우측)가
당선자 상견례에서 참석자들과 결의를 다지고 있다.>

이런 '무모한' 행위는 한 번도 없었다. 또 생각할 수도 없었던
일이다. 그런데도 무려 150여 명이 한자리에 모인 것이다. 게다가
두세 명이 은밀히 만나는 아지트가 아니라 당당하게 공개적으로,
그것도 성당이라는 잘 알려진 공간에서 한자리에 수많은 인원이
모여 내란음모를 꾸민 것이다. 왜 그런 짓을 했을까? 이유가 궁금
해진다.

이는 한마디로 설명할 수 있다. 이제 대한민국은 (우리) 종북
주사파 간첩들이 해방을 주도할 날이 눈앞에 무르익었다고 판단

한 것이다. 이미 자유민주주의 대한민국은 이만큼 '간첩 바이러스'에 깊이 감염돼 중병을 앓고 있었다. 게다가 이재명이 골수 종북 주사파 경기동부연합과 결탁해 종북 주사파에 거액의 혁명자금을 마련하는 길을 열어주고, 자신은 두 번이나 성남시장을 해먹는다. 그리고 이를 발판 삼아 경기도지사의 자리에 오른다. 이재명은 온갖 비리와 불법 및 편법을 통해 더불어민주당 대선후보 자리까지 꿰차면서 대통령이 되겠다고 그 '더럽고 무모한' 야망을 불태우고 있다.

2022년 21대 대통령 선거에서 윤석열 후보에게 간발의 차이(24만여 표)로 패배했다. 지금 이재명은 10여 개의 중범죄 혐의로 검찰과 사법부의 칼날 아래 끙끙대고 있다. 이런 자가 더불어민주당의 실권을 틀어쥐고 얼마나 악랄하게 살아왔는지, 그 추악한 실체를 아는 사람은 알고 있다. 하지만 심각한 것은 이재명이 자유민주주의 대한민국을 파괴하고 있다는 실상을 제대로 아는 사람은 드물다. 따라서 이재명의 실체를 낱낱이 밝혀서 다시는 더럽고 추악한 자가 자유민주주의 대한민국의 지도자로 나서지 못하게 막아야 한다.

이재명, 손바닥으로
하늘을 가릴 수는 없다!

이재명은 거액의 '대장동'을 어떻게 해 먹었나?

〈검찰, 이재명과 대장동 관련 증거 '50억 사용처 문서를' 확보했다.〉

이재명이 거액을 해 먹은 것으로 혐의를 받는 '대장동 사건'을 요약하면 이렇다. 이재명이 성남시장으로 있던 2014년 성남시 대장동에 도시개발사업을 추진했다. 성남시는 대장동 일대 땅을 구매하는데, 1조 원 이상 큰돈이 필요하므로 민간사업자와 협력하기로 한다. 이듬해인 2015년 투자 공개모집을 거쳐 사업자를 선정한다. 그리고 프로젝트 금융투자(PF)회사로 '성남의 뜰'을 설립한다.

당시 성남도시개발공사(유동규 사장 직무대리)가 25억 원을, 나머지는 민간사업자들이 합쳐 절반을 냈다. 그 중 '화천대유'는 전체 금액의 1%인 5,000만 원을 투자했다. 또 화천대유의 소유주 김만배와 그 가족 및 지인 6명이 세운 회사 '천화동인'이 6%인 3억 원을 투자했다. 그리고 가장 많은 금액을 낸 성남도시개발공사가 1순위로 이익을 배당받는다. 그리고 그 이상의 수익이 발생하면 나머지 민간사업자에게 배당한다는 방식을 택했다.

이 같은 도시개발 프로젝트를 통해 성남도시개발공사는 1,822억 원을 배당받는다. 그런데 화천대유(1%)와 천화동인(6%)이라는 두 회사가 합쳐서 고작 7%인데도 무려 4,040억 원의 거액을 배당받는다. 비록 부동산 가격이 오르면서 개발수익이 커졌다고 하더라도 비정상적인 결과라는 의혹이 강하게 제기됐다. 이때 참여한 민간사업자가 투자에 비해 터무니없이 큰 이득을 챙기면서 마침내 의혹이 터져 나온다. 그 당시 불거져 나온 의혹은 네 가지로 요약된다.

첫째는 모집공고 이후 단 하루 만에 사업자를 선정했다. 이는 사업자를 이미 정해놓고 공고는 형식적으로 낸 것이 아니냐는 의혹을 받았다. **둘째는** 김만배가 소유인 화천대유 임원급은 대부분 거물급 법조인이다. 권순일 전 대법관, 박영수 전 특별검사, 곽상도 전 민정수석, 김수남 전 검찰총장, 최재경 전 대검 중수부장 등이다. 이는 정치권 로비를 위한 것이 아니냐는 의혹을 받기에 충분했다.

셋째는 자본금 외에 투자금을 유치했다고 하지만 이익배당 후순위가 1순위보다 더 많은 수익을 냈다는 것이다. 마지막 **넷째는** 화천대유의 소유주인 김만배와 친분이 있는 곽상도의 아들이 고작 6년을 근무하고 퇴직금과 성과급 명목으로 50억 원이라는 거액을 챙긴 점이다. 그리고 곽상도는 차명 투자를 통해 배당금을 받아 간 것이 아니냐는 의혹에 휩싸이며 국민의힘을 탈당했다. 곽상도는 현재 검찰 수사선상에 올라있다.

〈법조브로커 김만배가 꾸민 거물급 법조계 인사들 가운데 언론인까지 끼어있다.
법조계 거물급 중에는 '박영수 전 특별검사, 권순일 전 대법관, 곽상도 전 민정수석,
김수남 전 검찰총장, 최재경 전 대검 중수부장'이 연루돼 있다.〉

50억 클럽은 '쥐꼬리', 경기동부연합이 '몸통!'

문제는 이처럼 거물급 법조인들이 얽히고설킨 천인공노할 이
사건을 현직 검사와 판사들이 과연 제대로 수사하고 판결할 의지
나 있을지에 의문을 제기하는 법조인들이 많다. 왜냐하면 이들
거물급 법조인은 그저 얼굴마담일 뿐이기 때문이다. 그래서 2021
년 1월 사건이 터진 지 3년이 지난 지금까지도 '50억 클럽'에 대
한 수사는 지지부진하게 진행되고 있다.

엄청난 이 거액은 이재명과 경기동부연합이 결탁해 대장동 개발 비리를 통해 만든 자금이다. 따라서 법조인들은 "이 거액의 자금이 이재명에게는 정치자금이지만 이석기가 이끄는 경기동부연합에는 남조선 혁명을 위한 자금이다"라고 말한다. 그러면서 "이 엄청난 돈을 누가 가지고 있으며, 또 이 돈이 어디에 어떻게 쓰이고 있는지, 그 사용처를 파악하기가 굉장히 어렵다"라고 보고 있다.

지금도 여전히 오리무중인 대장동 관련 '50억 클럽'에 연루된 법조계 거물급이 받은 돈은 대장동 개발 비리로 거둔 수천억 원에 비하면 쥐꼬리에 지나지 않는다. 따라서 '50억 클럽'에서 드러난 법조계 거물들은 바람막이에 이용당한 것이라고 보는 시각이 크다. 문제는 이들을 통해 얼마나 더 많은 돈이 정치권이나 검찰과 사법부에 살포됐는지는 알 수가 없는 것이다. 다만 검찰수사를 통해서만 밝혀낼 수 있다. 그런데 검찰마저도 포섭 대상일 수 있는 데다, 또 거물급 선배 법조인들이 연루돼 이를 제대로 밝힐 수 있을까? 현재 법조계 상황으로는 어렵다고 보는 견해가 더 크다.

그래서 이재명이 대장동 등 여러 가지 혐의로 조사를 받기 위해 검찰이나 법원의 소환을 받아도 조금도 위축되거나 두려워하지 않는다. 이는 속된 말로 "야, 이놈들아! 너희 중에 내 돈 받아먹지 않은 놈이 있으면 나와 보라"는 식이다. 이야말로 안하무인이자 적반하장이 아닐 수 없다. 지금도 이재명은 그 숱한 비리에도 조금도 흔들림이 없이 당당하게 검찰 독재를 외치면서 범죄혐의로 검찰이나 법원에 나가는 것이 아니라, '개딸'이라는 팬덤을 몰고 나가 검찰과 법원을 오히려 압박하는 모양새를 취하고 있다. 이는 우리 대한민국의 검찰과 사법부가 그만큼 부정부패로 얼룩져 있다는 걸 방증하는 셈이다.

지금까지도 거액의 부정부패 사건인 대장동 수사가 미진하게 진행되고 있다. 누가 봐도 '50억 클럽'에 연루된 법조인 거물들을 통해 힘 있는 정치계와 법조계에 거액의 돈이 뿌려졌기 때문이다. 그리고 이 법조 거물들은 권력층 곳곳에 돈을 뿌려주고, 그 대가로 각각 50억 원을 받은 것이다.

무엇보다 죄과가 가장 분명하고 거액인 대장동 재판을 '위례, 백현동, 성남FC' 등과 한데 묶어서 일부러 더디게 진행하고 있다. 이야말로 시간 끌기 위한 방편이라는 비난이 강하게 제기되고 있다. 하지만 재판부는 여전히 묵묵부답이다. 서초동의 한 변호사는

〈대장동 관련 법조 거물들이 브로커로 낀 '50억 클럽' 사건이 3년째 답보상태에 있다. 이제 윤석열 대통령이 직접 나서 이 파렴치한 법조계 비리 문제를 풀어야 이재명을 정죄할 수 있다.〉

"천하의 거짓말쟁이이자 사기꾼인 이재명에게 국가권력이 이처럼 허깨비처럼 휘둘리고 있는데, 이것이 과연 법치주의 국가인지 묻고 싶다"라고 주장한다.

이제 윤석열 대통령이 직접 나서는 결단이 필요하다. 윤석열 대통령은 법조인 출신으로 누구보다 그 내막을 잘 알고 있을 것이다. 국가가 법조계 카르텔에 휘둘린다면 자유민주주의 사회라고 할 수 없다. 명백히 드러난 비리가 권력 카르텔에 가로막힌다면, 이 나라는 분명 판검사와 변호사가 망치고 있다.

범죄자 이재명을 구한
권순일과 김명수의 '희대 사기 재판'

이재명 구속됐다면 정쟁 소모는 없었다!

법조계에서는 "대법관을 지낸 변호사가 대형로펌에 고용되면 평균 한 사건에 최소 5,000만 원의 도장값을 받는다. 따라서 대법관 출신 변호사가 전관예우를 받을 작심만 한다면 적어도 3년 만에 100억 원은 쉽게 벌 수 있다"라는 것이 공공연하게 회자되고 있다.

그러면서 "경우에 따라서는 수백억 원의 수입을 올릴 수 있다"라며 "그런 부류 중에서도 대표적인 전관예우 변호사가 권순일 전 대법관"이라고 주장한다. 권순일은 누구인가? 그는 대법관 재임 중에 이재명을 살려준 자다. 권순일은 법의 순리를 거스르면서 **'희대의 사기재판'**을 이끌어 낸 장본인이다.

이재명이 2018년 6월 경기도 도지사에 출마하면서 공직선거법 위반으로 기소된 사건이 있다. 이 사건은 1, 2심에서 모두 유죄로 인정됐다. 대법원은 그냥 2심 유죄대로 피고인 상고를 기각해버리면 유죄가 확정된다. 그리고 이를 순리대로 판결만 했다면 오늘의 이재명과 같은 중대범죄 정치인은 존재하지 않는다.

이 같은 더럽고 추악한 사기재판을 두고 박찬종 원로 변호사는 "당시 이재명의 공직선거법 위반에 대한 검찰 기소 사건을 재판할 때 주심이 권순일 대법관이었고, 재판장이 김명수 대법원장이었다"라며 "두 사람이 작당해 이재명을 살려내 오늘날 대한민국 전체를 쑥대밭으로 만들고, 똥걸레로 만든 장본인이다"라고 비난한다.

그러면서 "권순일은 화천대유 대주주인 김만배라는 법조기자 브로커와 커넥션이 있었다"라며 "일개 기자인 김만배가 이재명의 무죄판결을 받아내기 위해 무려 8번이나 권순일 대법관실을 드나든 사실이 공식적으로 밝혀졌다. 관례로 보아 브로커나 다름없는 법조 출입 기자가 대법관실을 이 정도로 여러 차례 방문한다는

〈일개 법조 브로커인 김만배가 권순일 대법관실을 무려 8차례나
드나들면서 이미 1, 2심에서 유죄가 확정된 이재명 사건을 '희대의 사기
재판'으로 무죄를 이끈 엽기적 행각을 벌였다. 왼쪽부터 '김만배 화천대유 대주주,
권순일 전 대법관, 이재명 더불어민주당 대표'〉

건 있을 수 없다"라고 주장한다.

　일반적으로 대법관은 웬만한 거물급 변호사조차도 잘 만나주지
않는다. 그런데 권순일 대법관이 이재명과 깊은 관련이 있는 화천
대유 대주주인 법조브로커 김만배를 판결 전에 무려 7번이나 만
나준다. 그리고 한번은 무죄판결이 난 뒤에 만났다. 이는 누가 봐
도 **'희대의 사기 재판'**과 깊은 관련이 있다.

실제로 당시 재판기록을 보면 **'소극적 거짓말과 적극적 거짓말'**이 있는데, 소극적 거짓말은 처벌할 수 없다는 그야말로 권순일이 저지른 웃지 못할 '사기 재판'으로 이재명을 구해낸 것이다. 이는 이재명이 경기도지사 토론회에서 한 패널이 이재명 후보가 김문기를 아느냐는 질문에 이재명이 '모른다'라고 답한 것이다. 따라서 이것은 질문에 대한 답변이기 때문에 비록 거짓말이라고 해도 소극적 거짓말이므로 처벌을 할 수 없으므로 무죄를 선고한다는 것이다.

그러나 이 사건은 앞서 이재명이 '김문기를 모른다'라고 거짓말을 한 것으로 검찰에 고발돼 1, 2심에서 유죄가 확정된 상태였다. 그런데도 이재명 재판의 주심이었던 권순일 대법관과 김명수 재판장(대법원장)이 작당해 이재명 사건은 "질문을 받고 대답한 것이지 이재명이 자진해서 기자회견을 자청하거나 국회 발언 등에서 '나는 김문기를 모른다'라고 한 것이 아니기 때문에 적극적인 거짓말이 아니라 소극적인 거짓말이므로 무죄를 확정한 것"이라고 밝혔다.

따라서 당시 법조계에서는 이야말로 **'희대의 사기 재판'**이라고 입을 모아 비난했다. 특히 박찬종 원로 변호사는 "이렇게 되면 앞으로 이 판결이 대법원 판례로 남게 되어 구속력을 가지게 된다. 따라서 향후 범죄를 저지른 모든 피의자가 법의 심판대에 서거나 법원이나 검찰의 증인으로 나가더라도 판사나 검사가 물어서 대답한 것이라면 그것이 비록 거짓말이라고 하더라도 피고인 측에서는 이재명처럼 소극적 거짓말이라 주장하면서 법망을 피해 갈 수 있다"라고 분노한다.

따라서 법조인들은 권순일의 이재명 재판은 사법 질서를 무너 뜨리는 데 앞장선 '희대의 사기 재판'으로 기록될 것이 분명하다고 입을 모은다. 주심 권순일의 소극적 거짓말과 적극적 거짓말은 에리히 프롬의 **'소극적 자유와 적극적 자유'**를 원용하여 흉내 낸 가소로운 천하의 '짝퉁 사기 놀음'을 한 것이다. 좌파의 본업이 짝퉁과 사기가 아닌가?

사법사상 최악질의 대법원장 '김명수'

우리 대한민국 사법사상 역대 대법원장 중에서 가장 무능하고 이념적 편향성이 심하다고 지탄받는 법조인이 바로 김명수 전 대법원장이다. 그렇다면 김명수는 대법원장 시절 무엇을 했길래 그토록 역대 최악의 대법원장으로 지탄받는 자가 되었는지 우리 국민은 반드시 알아야 한다.

무엇보다 사법부는 입법부 및 행정부와 함께 3권분립의 한 축이다. 나아가 이는 자유민주주의 대한민국을 떠받치고 있는 가장 소중한 국가기관이다. 3권분립이 바로 서야 건강한 나라가 된다. 그런데 김명수는 사기 재판에 가담한 가장 부패하고 부조리한 대법원장이란 낙인이 찍혀 있다. 김명수는 '희대의 사기 재판'으로 이재명을 구하는데, 주심 재판관 권순일과 함께 재판장으로서 사법 질서를 파괴했다.

　김명수가 기록한 사법부 '흑역사'는 이렇다. 김명수는 취임 초부터 좌파 법조인 그룹인 '우리법연구회'와 '국제인권법' 출신 판사들을 두루 요직에 앉히는 이념 편향성이 굉장히 심했다. 일례로 대법원 대법관 14명 중에서 7명을 우리법연구회와 국제인권법, 그리고 민변(민주사회를 위한 변호사 모임) 출신으로 채웠다. 더욱 악질적인 것은 문재인 정권에 불리한 판결을 하는 판사들을 한직으로 보내는 파렴치함을 보였다.

　김명수는 또 국회에서 거짓말을 한 최초의 대법원장이었다. 이는 거짓말을 해놓고도 뻔뻔스럽게 뒤집다가 녹취록이 나오면서 거짓말쟁이 대법원장이 되었다. 김명수는 또 '대법원장 공관 며느리 만찬 의혹'도 수사를 받고 있다. 김명수의 아들

〈김명수는 2017~2023년까지 대법원장으로 재직하면서 온갖 나쁜 선례를
남기며 대한민국 사법사상 최악의 대법원장이라는 기록을 남겼다.〉

김모 판사(연수원 42기)와 며느리 강모 변호사 부부가 2017년 잠
원동 아파트에 당첨된 뒤 대법원장 공관에서 1년 3개월간 무상으
로 거주토록 해 국감장에서 '공관 재테크'라는 비난을 받는 등
사법부 수장으로서 온당치 못한 각종 부정부패를 저지른 자다.

이재명 구속과
민주당 파산은 '사필귀정'

11월은 잔인한 달 '이재명 가정엔 최악'

이재명 더불어민주당 대표가 일찌감치 '운명의 11월'을 맞이할 준비 태세에 들어갔다. 2022년 대선 때부터 끌어온 사법 리스크 중 1, 2편 격인 '공직선거법 위반'과 '위증교사 혐의' 재판 1심 선고가 11월 15일과 25일 각 두 차례 예정돼 있다. 따라서 11월은 이재명에게 잔인한 달, 그의 정치 인생에 변곡점이 될 공산이 매우 크다.

먼저 15일 내려진 '공직선거법 위반'은 재판부가 징역 1년 집행유예 2년을 선고하면서 이재명의 사법 리스크가 현실이 됐다. 그리고 25일 '위증교사 혐의'도 유죄가 확실하다. 물론 2, 3심의 기회가 아직 남아있다. 하지만 차기 대선을 바라보는 이재명에겐 치명적이다. 이른바 이재명의 정치생명은 끝장이 난 것이다.

게다가 더 부끄러운 것은 이재명 부부가 한 달에 3건의 선고를 받았다는 그야말로 전대미문의 일이 이재명 집안에서 벌어진 것이다. 11월 15일 이재명의 공직선거법 선고 전날인 14일에는 수원지방법원 13부(박정호 부장판사)는 이재명 아내 김혜경에게도 벌금 150만 원의 유죄판결을 내렸다.

그리고 11월 25일에도 위증교사 혐의에 대한 선고가 있다. '김문기를 모른다'라는 이 사건도 이미 검찰로부터 3년을 구형받았기 때문에 유죄판결이 확실하다. 이미 2023년 9월 21일 국회로부터도 체포동의안이 가결된 적이 있기 때문이다. 그런데도 좌파 판사 유창훈이 9월 26일 구속영장을 기각했다. 그러나 그 당시 유창훈의 판결문을 보면 "위증교사 혐의는 소명되나 당대표로서 도주할 우려가 없어 구속영장을 기각한다"라고 선고한 바 있다. 이렇게 유죄판결을 피해 갈 수 없는 11월은 이재명에게는 잔인하고 부끄러운 달이었다.

이재명 집안 '노블레스 오블리주 비웃다'

이재명은 경기지사 시절인 2018년 7월부터 2021년 10월까지 경기도 관용차를 사적으로 사용하고, 법인카드 등 경기도 예산을 샌드위치, 과일 및 식사 대금으로 지출하는 등 거액을 사적으로 사용한 혐의를 받아왔다.

이에 검찰은 2년이 넘도록 수사를 한 결과 이 대표가 경기도 지사 시절인 그 당시 3년 동안 1억 653만 원 정도의 경기도 예산을 사적으로 사용했다고 보고 11월 19일 재판에 넘겼다.

이뿐만이 아니다 이재명의 아들도 검찰소환을 기다리고 있다. 그동안 아들 이동호 씨가 명백한 상습도박 혐의로 검찰수사를 받아왔다. 게다가 성매매 혐의도 받고 있다. 이게 경기도지사를 지내고 더불어민주당 대선후보를 지낸 자의 인생이고 집안의 꼬락서니이다.

무엇보다 더불어민주당 대선후보까지 나선 자가 비록 '노블레스 오블리주'는 못할지언정 어찌 이런 부끄럽고 뻔뻔스러운 행위를 온 가족이 저지를 수 있단 말인가? 불법행위는 집안 식구들뿐만이 아니다. 주변의 가까운 일부 지인들까지도 이재명과 더불어부패와 부정으로 얼룩진 참으로 파렴치한 인생을 살아온 것이다. 게다가 주변에서는 이재명과 범죄로 연루된 사람들이 과연 몇 명이나 죽었는가?

그런데 이재명은 무슨 권위로 검찰과 사법부를 겁박하면서 재판을 지연하고 여차하면 검찰소환을 거부한단 말인가? 심지어 최근에는 재판 담당 판사를 바꿔 달라는 억지까지 부리고 있다. 이재명이 정말로 자유민주주의 대한민국 국민인가 묻고 싶다.

이재명이 진짜 대한민국 국민이라면 더는 손바닥으로 하늘을 가리려고 하지 말고 순순히 오라를 받고 감옥으로 들어가시라. 그리고 지은 죄를 뉘우치고 자숙하라.

안타깝지만 이것이 전과 4범 이재명이 마지막으로 취해야 할 인간적인 도리라는 것을 명심하시라. 그리고 이런 자를 당대표로 둔 더불어민주당도 이 더러운 정치판을 깨고 거듭나기를 바란다.

범죄자 이재명의 수호신 '개딸' 실체는?

무엇보다 이재명을 마치 군왕처럼 떠받들며 수호하고 있는 '개딸'은 과연 누구일까? 어떤 실체이기에 자유민주주의 정치 도의상 있을 수 없는 파렴치한 행동을 스스럼없이 저지르는지 궁금하다. 마치 비속어(개의 딸)처럼 들리는 '개딸'이라는 출처를 살펴보면, 먼저 드라마 **'응답하라 1997'**에서 유래한 것으로 보고 있다. 그 드라마에서의 '개딸'은 한마디로 '성격이 안 좋은 딸'을 일컫는 의미로 규정된다.

그런데 2022년 대선에서 이재명을 지지하는 20~30대 여성들이 **'개혁의 딸'**이라는 의미로 이를 사용하기 시작한다. 처음에는 20~30대 여성을 지칭하던 말이 곧 나이와 성별을 넘어 이재명 지지 강성그룹으로 확대된다. 대선에 패배한 다음 날부터 이재명을 지키겠다며 조직적으로 활동에 나서면서 팬클럽을 만들었다. 그리고 팬클럽 개설 단 한 달 만에 가입자가 20만 명에 이른다. 현재 총가입자 수는 약 21만 명인 것으로 추산한다.

여기서 주목할 만한 점은 팬클럽 개설 당시 곧바로 20만 명에 달한 가입자 수가 1년이 지난 뒤까지도 고작 1만 명 정도밖에 늘지 않았다는 것이다. 이는 이재명을 지키겠다고 개설된 팬클럽

〈2024년 7월 10일 이재명이 '개딸의 명령'이라면서
더불어민주당 대표 출마를 공식 선언했다〉

'개딸'이 단기간에 집중적으로 조직이 되었다는 것을 의미한다. 이는 이미 보이지 않는 어떤 손에 의해 준비되고 있었다는 것을 암시한다.

그동안 우리 정치에서는 이재명의 '개딸'처럼 특정 정치인을 지지하는 조직이 생겼다 없어지기를 반복했다. 하지만 이 '개딸'처럼 극성스럽게 조직적으로 활동한 강성 지지층 그룹은 없었다. 그리고 '개딸'들이 2022년 3월부터 활동하면서 본격적으로 그 모습을 드러내고 세력을 과시한 것은 '인천 계양을 보궐선거'와 '더불어민주당 대표 선거' 때부터였다. 특히 더불어민주당 전당대회 때 유세 현장에서는 '개딸'들이 이재명을 에워싸고 큰절을 하니까 이재명도 따라서 맞절하는 '의미심장한?' 장면이 포착됐다.

이재명은 대선에서 패배한 지 불과 3개월 만에 송영길이 물려준 지역구 계양을에 출마를 공식 선언한다. 당시 명분이 없다는 지적이 더불어민주당 내부에서까지 있었다. 하지만 이재명은 '개딸의 요구'라면서 강행한다. 또 전당대회 경선 과정에서도 '개딸'들이 적극 지지하면서 77.7%라는 압도적인 득표로 당 대표로 선출된다. '개딸'이라는 팬클럽에 뭔가 손에 잡힐 듯한 '이상한?' 냄새가 풍기는 대목이다.

이처럼 일반인이라면 용납하기 어려운 '개딸'들의 조직 또는 조력은 누가 하는 것일까? 이제 '개딸'들은 온라인상에서 댓글부대로 행동한다. 이재명에게 불리하거나 나쁜 발언을 한 사람에 대해 '좌표 찍기'나 '문자폭탄 보내기'와 같은 자유민주주의를 훼손하는 파렴치한 행동까지도 서슴지 않고 있다. 이는 반자유민주주의 세력의 행태라고 볼 수 있다.

게다가 이제는 한술 더 떠 실행이 쉽지 않은 오프라인에서조차도, 특히 비명계 의원 지역을 방문하면서까지 방해 활동을 일삼는다. 이런 파렴치한 모습이 현장에서도 매우 조직적으로 움직이는 것을 알 수 있다. 최근에는 총기를 언급하면서 위협하기도 했다.

무엇보다 여러 개의 중범죄자 혐의를 받는 이재명이 검찰 출석을 알리는 포스터를 블로그에 올리면 '개딸'들이 곧장 현장으로 달려 나와 떼거리로 호응하면서 오프라인에서의 조직적인 활동력을 과시하고 있다. 그렇다면 '개딸'을 움직이는 세력은 과연 누구란 말인가?

이재명 팬클럽의 실제 상의 운영자인 **'스탭 덤'**이 있다. 이는 워낙 베일에 가려져 있어 쉽게 파악이 되지 않는다. 일각에서는 이재명의 정치적 고향인 성남지역의 **'경기동부연합'** 세력이 이 '개딸'들을 이끌고 있다는 지적이 강하게 제기되고 있다.

여기서 우리는 '왜 그토록 베일에 꼭꼭 숨어 있어야 한단 말인가?'에 대한 희미한 답안을 작성해 볼 수가 있다. 이는 이재명 지지 세력의 '개딸'이라는 정체가 그동안 한 번도 경험해 보지 못한 야비하고, 비이성적이고, 반헌법적일 정도로 강력한 성격을 띠고 있다는 점이다.

따라서 만약 경기동부연합이 '개딸'들을 배후에서 조종하고 있다는 사실이 밝혀진다면 이는 엄청난 문제로 비화 될 가능성이 높다. 왜냐하면 경기동부연합은 여전히 실질적인 소유주가 이석기이기 때문이다. 무엇보다 지금 '개딸'이라는 이재명의 팬클럽 조직이 특정인을 지지하는 단체활동을 벗어나 이제는 정당 민주주의를 크게 훼손할 정도로 위력이 강력해지고 있다.

일례로 더불어민주당 용혜인 의원이 2024년 1월 18일 MBC라디오를 통해 "(비례대표) 1번부터 15번까지는 시민사회와 다른 정당이 배치하고 그 이후 순번부터 민주당이 비례후보를 배치하자는, 즉 '더불어민주당, 비례 순번을 번갈아 배치'하는 방식을 이야기할 것"이라고 비례연합정당의 구상을 밝힌 바 있다. 이 제안에도 민주당이 꿈쩍하지 않자, 용혜인은 "원칙도 없고, 방향도 없는 기득권 지키기에 매몰된 기득권 정당"이라고 쏘아붙였다.

그러자 민주당 강성 지지층 **'개딸'**의 분노가 들끓기 시작한다. "안전한 비례대표를 하려고 이 대표를 배신했다." "꿈이 큰 건 알겠는데 적당히 하라"는 비판이 이어졌다. 이재명 대표는 지난

2월 5일 결국 용혜인이 원했던 '준연동형 비례대표제' 결단을 내렸다. 하지만 '개딸'의 분노는 이어졌다. '수도권 험지 출마 요구'부터 '비례 15번 수용 시 탈당 압박' 등 용혜인이 이재명을 압박한 대가를 톡톡히 치러야 한다면서 '개딸'들이 분기탱천했다.

이에 용혜인은 2월 7일 "민주당과 소수정당이 비례대표 의석을 서로 번갈아 배치하자"라고 한발 물러선다. 이제 '개딸'은 이재명을 넘어 더불어민주당의 모든 정치를 좌지우지하는 세력으로 성장했다. 이는 누가 봐도 경기동부연합의 입김이 아니고서는 불가능하다고 말한다. 의회민주주의까지 좀먹는 '개딸'의 실체를 파악하기 위해 이제 더는 주저하지 말고 검찰이 직접 수사에 나서야 한다는 목소리가 점점 높아지고 있는 이유다.

이재명 방탄에 발광하는 더불어민주당

지금 더불어민주당이 의회에서 하는 짓거리가 정말 가관이다. 더불어민주당이 제아무리 지랄 발광을 떨어도 방탄으로는 더 이상 이재명 구속을 막을 재간이 없다. 따라서 심우정 검찰총장을 탄핵하려니 명분이 전혀 없다. 그러자 이제는 이창수 중앙지검장의 탄핵을 협박하고 있다. 그리고 마침내 윤석열 대통령의 탄핵까지 거론하는 가소로운 짓거리를 하고 있다. 전혀 탄핵 명분은 턱도 없는데, 명태균이라는 악덕 정치 브로커가 입에서 나오는 대로 내뱉는 어리석은 말들을 찧고 까불면서 윤석열 대통령과 김건희 여사의 선거 개입을 주장하고 있다.

무엇보다 정치 브로커 명태균이 떠벌이고 있는 (녹취록) 말은 정치적으로, 법적으로, 상식적으로도 아무런 문제가 되지 않는다. 첫째, 명태균이 떠드는 말은 법적으로도 아무런 문제가 되지 않는 것은 당시 윤석열 대통령은 당선인 시절이었기 때문에 대통령으로서 정상적인 업무를 수행하지 않고 있었다. 게다가 설령 대통령 신분이라고 하더라도 (녹취록) 내용을 보면 단순하게 의견을 표명한 것은 불법 정치 개입이 아니기 때문이다. 이런 사항은 대법원 판례에도 많이 나와 있다.

둘째, 정치적으로는 더더욱 문제가 될 것이 없다. 오히려 공천 개입은 문재인 정부 때가 훨씬 더 심각했다. 문재인이 자신의 절친인 송철호를 울산시장에 당선시키기 위해 엄청난 공천개입을 한 것이 이미 드러났다. 게다가 이재명이 4·10총선에서 '친명횡재 -비명횡사'라는 말이 더불어민주당 안에서도 나돌 만큼 시끄러웠다. 이를테면 문재인 대통령 비서실장이었던 임종석을 끝내 잘라

내기 위해 온갖 불법 여론조사가 개입됐다. 이런 행태가 정치권 공천개입이다.

그런데 명태균이 녹취한 윤석열 대통령의 말은 공천개입이 전혀 아니다. 당선자 신분인데 정보 보고를 받는다는 것은 상식이다. 여기서 윤석열 대통령이 한 말은 "김영선이 대선 활동을 하면서 고생도 많이 했으니 나(윤석열 당선인)는 김영선이 당선됐으면 좋겠다"라고 한 것이다. 이는 문재인이나 이재명이 공천에 개입한 것에 비하면 오히려 덕담 수준에 불과하다고 봐야 한다.

그래서 자기 무덤을 스스로 판 양아치와도 같은 정치 브로카 명태균이 결국 법의 심판을 받고 구속된 것이다.

4장
자유통일과 찬란한 미래!

윤석열 대통령이 다진 한반도의 꿈은 곧 실현된다.
윤 대통령이 자유 통일을 외치자
'김정은이 겁먹은 똥개처럼 통일을 않겠단다.'
종북 똥강아지들도 덩달아 앵무새가 된다.
주사파도 통일 불필요성을 주장하는
이런 아이러니는 세상에 다시없다.
북한과 중국 몰락은 이미 현실이 되고 있다.
종북-친중파 똥개들이 멘붕인 이유다.
윤석열 대통령이 잘 다져 놓은 자유통일의 길
차기 지도자만 제대로 뽑으면
한반도는 은빛 찬란한 미래가 기다리고 있다.

윤석열 대통령의
'자유통일을 위한 힘겨운 싸움!'

한동훈의 딴지에 대한민국이 위험하다!

대한민국이 아프다. 많이 아프다. 간첩 바이러스에 깊이 오염돼 '단말마(斷末魔)'의 고통으로 헐떡이던 대한민국을 우파 애국 국민이 윤석열 대통령을 잘 선택함으로써, 겨우 살려놓았다. 하지만 대한민국은 여전히 몹시 아프다.

아픈 대한민국을 윤석열 대통령 홀로 선두에서 끌고 가기가 벅차다. 쌍두마차로 대한민국을 함께 보듬으며 치료하고 이끌어야 할 국민의힘 의원들과 당대표는 역사 인식이 턱없이 천박하다. 특히 당대표 한동훈을 비롯한 일부 세력은 오히려 윤석열 대통령

국정 드라이브에 딴지를 걸고 있다. 이대로는 대한민국이 자칫 주저앉을 수도 있다.

그나마 지금 힘겨운 싸움을 벌이고 있는 윤석열 대통령을 보좌하는 엘리트 집단이 있다. 한덕수 총리와 김영호 통일부 장관, 김문수 고용안정노동부 장관, 김용현 국방부 장관, 신원식 국가안보실장 등이다. 특히 방송통신위 위원장에 임명됐지만, 더불어민주당의 탄핵으로 고난을 겪으면서 종북 주사파들과 너무도 잘 싸우고 있는 이진숙 위원장도 훌륭한 인재다.

실례로 지금 러시아가 우크라이나를 침공한 것은 현실 인식이 일천한 자들의 말처럼 우크라이나가 핵을 포기했기 때문은 결단코 아니다. 러시아가 우크라이나 영토인 크리미아반도를 침공한 2014년까지만 해도 우크라이나 대통령은 대부분 친러 인사 또는 러시아의 간첩과도 같은 분자들이 우크라이나를 다스렸다. 러시아의 간첩 같은 대통령들이 이끌면서 우크라이나에는 러시아 간첩들이 만연했다. 그리고 러시아가 동력을 얻어 크리미아반도를 침공해 영토를 빼앗자, 그제야 비로소 우크라이나 국민은 정신이 번쩍 들기 시작한 것이다.

대한민국의 현실도 이들과 조금도 다르지 않다. 대한민국이 깊이 병들어 있는 것은 북한 수괴 김일성에 이어 김정일-김정은의 삼대 세습 통치하에서 남한으로 내려와 활동하는 북파 간첩, 고정 간첩, 자생 간첩들이 퍼뜨린 주사파 바이러스에 많은 국민이 감염돼 있기 때문이다. 특히 김대중과 노무현, 문재인이 최고 권력에 있을 때, 간첩 바이러스는 만연하기 시작했다. 이렇게 병든 대한민국을 윤석열 대통령이 보듬어 안고 홀로 싸우고 있다.

문재인, 대한민국에 깊은 내상만 안겼다!

종북 주사파 정권은 김대중, 노무현 때까지 거슬러 가서 일일이 리뷰할 필요도 없다. 그래도 노무현 정권 때 일어난 한가지만 짚어보자. 노무현 대통령이 당시 김승규 국정원장을 '일심회 간첩단'을 검거했다(2006년 10월)는 것을 빌미로 경질한다. 이렇게 좌파 종북 정부는 너나없이 북한 김일성 삼대 정권을 두둔한 대가로 남북정상회담을 가졌다.

특히 문재인은 간첩 대통령으로 밝혀졌다. 고영주 변호사는 문재인이 간첩이라는 것을 팩트로 상세히 밝힌 〈간첩 문재인〉이라는 책을 출간했다. 그런데도 문재인은 고영주를 고발하거나 문제삼지 못하고 있다. 안보전문가들은 "만약 문재인이 이를 문제 삼는다면 전 국민에게 알려지는 계기가 돼 문재인이 간첩인 것이 사실로 드러날 수밖에 없기 때문"이라고 주장한다.

실제로 문재인이 간첩이나 다름없는 행위를 한 것을 고영주는 100가지가 넘는 팩트로 증명하면서 책을 썼다. 이 중에서도 문재인이 저지른 명백한 간첩행위는 2019년 남북정상회담 당시 문재인이 도보다리에서 김정은에게 넘긴 〈USB사건〉이다. 여기에는 엄청난 국가기밀이 담겨 있는 것으로 드러났다. 문재인 당시는 북한의 주적 표현을 국방백서에 빼긴 했지만, 우리 헌법에 북한은 주적이다. 그런 북한에 주요 기밀을 넘겼다는 것은 너무도 명백한 간첩행위다.

이밖에 문재인이 대한민국을 좀먹고 병들게 한 행위는 헤아릴 수도 없이 많다. 대한민국의 주요 기간산업이자 먹거리인 〈원전〉을 포기하려고 획책했다. 80년을 사용할 수 있는 월성1호기를 40년 만에 폐쇄했다. 조기 폐쇄하기 위해 경제성까지도 조작했다. 게다가 한일간 갈라치기, 한미동맹 약화 등 문재인이 대한민국에 끼친 범죄행위는 지면이 부족해 다 열거할 수조차 없다. 특히 〈USB〉〈원전 포기〉라는 두 사건만 해도 문재인은 대한민국에 깊은 상처를 남겼다.

무엇보다 문재인에 이어 좌파 정부가 들어섰다면 우리는 지금 상상하기도 끔찍한 세상에서 살고 있을 것이다. 그러나 하늘은 무심하지 않았다. 자유민주주의 대한민국을 지켜려는 우파 애국 국민의 염원대로 마침내 윤석열 후보가 대선에 승리함으로써, 그나마 대한민국은 지금 마지막 위기의 기로에 서 있다.

신냉전 시대 중국 공산당 시진핑의 몰락

소련 붕괴 이후 미국의 주적은 중국이었다. 미국은 중국 공산당 정부가 경제적으로 부흥하면 결국 서방 가치인 자유민주주의체제로 전환하거나, 자유민주주의를 원하는 중국 인민에 의해 붕괴할 것으로 내다봤다. 미국의 예상은 완전히 빗나간다. 클린턴과 오바마 정부 때 미국은 중국에 대한 기존 시각이 달라진다. 그리고 마침내 정치 이단아 트럼프가 이를 눈치채고 중국을 주적으로 간주하며 선방을 치고나와 무역전쟁을 일으킨다.

경제적 기반을 확보한 중국 수괴 시진핑이 대국굴기라는 명분으로 당당히 맞선다. 하지만 세월이 흐를수록 시간은 미국 편이었다. 트럼프가 재선에 패배하고 바이든이 당선되자 많은 사람은 미중이 화해할 것으로 생각했다. 이는 아직도 미국을 잘 모르는

얼치기들의 전망일 뿐이었다. 바이든은 오히려 트럼프의 단순 무역전쟁을 되레 첨단기술산업으로까지 전선을 확대한다. 이른바 〈신냉전〉이라고 부르는 신조어가 탄생한 것이다.

신냉전은 구소련과 미국이 벌인 〈냉전〉 게임과 결이 다르다. 냉전이 군비경쟁이었다면, 신냉전은 서방 가치를 함께 하는 나라들이 중국과 협력하는 국가에 반도체 등 첨단기술을 막고 디지털 시대의 바보로 만든다는 전략이다. 모든 첨단 제품에 반도체 기술이 필수장비다. 이에 제재를 받으면 군사 장비 등 모든 첨단 산업 분야가 삼류로 전락할 수밖에 없다. 신냉전은 중국을 국제사회에서 완전히 퇴출한다는 미국의 외교 전략이다.

윤석열 정부는 신냉전이라는 새로운 개념으로 중국을 주저앉히려는 미국의 외교정책을 알아차린다. 그리고 가장 먼저 2023년 3월 한일 정상회담을 통해 일본과의 관계를 회복한다. 지소미아를 원상회복한 뒤에 미적거리는 일본을 이끌고 〈신냉전〉에 동참한다. 이는 중국을 주적으로 삼고 있는 미국이 가장 원하고 환호하는 일이라는 것을 깨달은 것이다. 바로 미국의 화답이 날아온다. 바이든 정부는 한 달 뒤인 4월 윤석열 대통령을 국빈 초청한다. 윤석열 정부는 미국과의 외교 전략에도 탁월한 정책을 펼친다.

윤석열 정부는 미국에 '(너희가) 한국 없이 주적 중국을 제압할 수 있느냐?'는 화두를 던지며 대한민국을 국제사회의 불안정한 '종속변수'가 아닌 안정된 **'상수'**라는 가치를 만들어가는 탁월한 외교력을 구사하고 있다. 무엇보다 윤석열 정부가 먼저 한미일 공조를 이끌어냈다. 이는 중국의 대만 침공을 꺾는 데도 엄청난 영향력을 미치게 된다. 마침내 2023년 10월 22일 한미일 연합 첫 공중 훈련을 실시한다.

〈2023년 10월 22일 오후 한반도 남쪽 한일 방공식별구역(ADIZ) 중첩구역에서 한미일 공군(먼 곳부터 한국 F-15K 2대, 미국 F-16, 미국 B-52H, 미국 F-16, 일본 F-2 2대 등)이 연합공중훈련을 실시하고 있다.〉

한국 F-15K 2대, 미국 F-16, 미국 B-52H, 미국 F-16, 일본 F-2 2대 등이 참여해 합동으로 연합공중훈련을 실시했다. 이날 훈련은 한반도 남쪽 한일 방공식별구역(ADIZ) 중첩 구역 상공에서 한미일 전투기가 B-52H를 호위하며, 편대 비행하는 방식으로 이뤄졌다. 문재인 정권 때는 감히 상상조차 할 수 없었던 일이 벌어진 것이다. 이는 중국과 러시아는 물론 특히 북한 김정은에게는 굉장한 쇼크가 아닐 수 없는 일대 사건이었다.

한미일 공중 훈련에 이어 한국과 미국, 일본은 2024년 4월 27~29일 제주 남방 공해상에서 한미일 3국의 첫 '다영역 연합훈련'인 〈프리덤 에지〉를 실시했다고 합동참모본부가 밝혔다. 북러가 정상회담을 계기로 동맹에 준하는 조약을 체결하는 등 군사적으로 더욱 밀착하는 가운데 한미일도 더욱 강하게 뭉치는 모습을 과시한 것이다.

당시 **미국 해군**은 1주일 먼저 부산작전기지에 입항한 항공모함 시어도어 루즈벨트함을 비롯, 이지스구축함(할시함과 이노우에함), 해상초계기(P-8), 함재기(F/A-18), 조기경보기(E-2D), 헬기(MH-60)가 참가했다. **한국 해군**은 이지스구축함(서애 류성룡함), 구축함(강감찬함), 해상초계기(P-3), 해상작전 헬기(Lynx), 전투기(KF-16)가, 그리고 **일본 해상자위대는** 구축함(이세함), 이지스구축함(아타고함), 해상초계기(P-1) 등이 참가했다.

〈한미 해군과 일본 해상자위대가 2024년 4월 12일 제주 남방 공해상에서 북한의 핵·미사일 위협에 대한 공동 대응능력을 향상하기 위해 한미일 해상 훈련을 하고 있다. 오른쪽부터 우리 군의 이지스구축함 서애 류성룡함, 미국 해군 항공모함 시어도어 루즈벨트함, 일본 해상자위대 구축함 아타고함. [해군 제공]〉

합참은 "한미일은 이번 훈련을 계기로 〈프리덤 에지〉 훈련을 지속 확대하기로 했다"라고 밝혔다. 그러면서 "2025년에는 한미일이 사상 처음으로 지상군 연합훈련을 하기로 합의했다"라고 강조했다. 윤석열 정부는 문재인과는 달리 미국과 찰떡 공조를 과시하며 원전과 K-방산 등 미국과 얽힌 문제들을 대한민국에 유리한 조건으로 풀어 나가고 있다.

외교 전문가들은 "윤석열 정부가 한미동맹을 강화하면서 'K-방산, 원전, 자동차, 조선, 반도체' 등 대한민국 기간산업을 계속 발전시켜 나간다면 향후 이들 먹거리만으로도 사우디아라비아 원유 생산이 부럽지 않을 정도로 엄청난 국익을 창출할 수 있을 것"이라고 전망한다. 이것이 현재 윤석열 정부가 2022년 5월 9일 집권한 뒤 전반기 2년 반 동안 다져 놓은 대한민국의 현주소다.

트럼프 핵 장난하는
北 김정은 반드시 죽인다!

한동훈, 국제정치 지형을 알고 설쳐라!

지금 대한민국은 범죄자가 되레 큰소리 치는 나라, 반국가 사범, 반정부 세력들이 판치는 나라, 범죄자와 간첩이 점령한 나라가 되었다. 게다가 탄핵을 당해야 할 인간들이 거꾸로 탄핵을 들고나와 협박하는 참으로 희한한 꼴이 벌어지고 있다. 토착 빨갱이들이 민주주의를 외치면서 우파 애국 세력을 토착 왜구라는 프레임으로 '양두구육'하는 나라, 자유민주주의 대한민국을 파괴하려는 행위를 민주화운동이라고 목청을 높이는 비이성적인 인간들이 대한민국을 거덜 내고 있다.

북한 당국은 남한 종북 좌파 정부가 퍼준 돈으로 핵을 완성하고, 대한민국을 불바다로 만들겠다고 노래 부르는 데, 종북 주사파 권력자들은 김정은에게 장단 맞춰 평화협정, 종전선언을 노래 부르고 다니며 자유민주주의 대한민국을 망국으로 이끌고 있다. 종북 좌파는 어느 나라 민족인가? 같은 한민족이 아니라 김정은의 민족이면 북한으로 떠나가라. 너희들은 이 땅 자유대한에서 존재할 가치가 없다.

윤석열 대통령은 명재경각에 달린 이 나라 대한민국을 끌어안고 절치부심하고 있다. 문재인이 끊어놓은 한일 관계, 한미 관계를 복원시키고, 문재인이 파괴한 원전을 되살리고, 문재인이 5년 동안 외교는 뒷전으로 오직 김정은 한 놈 구하기 위해 매달리다 나라 곳간이 거덜 났다. 이 빈 곳간을 채우기 위해 윤석열 대통령은 대한민국 '영업사원 1호'라는 별명을 가슴에 달고 전 세계를 날아다니며 위대한 대한민국의 토대를 다시 놓고 있다.

그런데 윤석열 대통령과 손발 맞춰 아픈 대한민국을 살리자고 뽑아 올린 한동훈은 끝까지 제 정신을 차리지 못하고, 윤 대통령에게 딴지를 걸고 있다. 아버지는 악덕 기업주, 장인은 파렴치한 범죄자, 처남은 두 여검사를 추행한 성범죄자, 처제는 논문 표절과 조작으로 '아이비 캐슬' 스펙을 쌓아 가족과 지인 자녀들을 미국 명문 대학으로 보내기 위해 올인 한 여자, 마침내 한동훈 자신은 어리석은 인간들이 붙여주는 '조선 제일의 검' 인양 문재인 정권에서 이재용 회장을 구속해 오늘 삼성을 파산의 지경으로 만든 장본인이다. 이제 자유민주주의 대한민국 국민은 '문재인 정권 초기를 화양연화'라고 말하는 한동훈에게 '조선 제일의 개검'이 아닌지 묻고 있다.

한동훈이 일말의 염치라도 있다면 당장 국민의힘 대표직을 내려놓고 자숙하라. 그래도 정치를 하고 싶으면 끌고 온 김경율을 장인이 평생 몸담은 더불어민주당으로 다시 끌고 가라. 그곳이 한동훈과 김경율에게 정치 정신적 고향이 아닐까. 필자가 보기에 한동훈 당신은 국민의힘에서 자유민주주의 대한민국을 위한 정치를 하기에는 자격이 부족한 자다.

지금 대한민국은 한동훈과 같은 역사 인식이 천박하고 온갖 치사한 문제로 뒤얽힌 사람을 지도자로 선택할 만큼 시국이 한가하지 않다. 자유민주주의 대한민국 국민은 북한의 미치광이 김정은이가 핵 놀음으로 위협하는 엄혹한 한반도의 현실을 바르게 인식하고, 대한민국을 위기에서 구한 윤석열 대통령과 의중을 함께하면서 북한의 미치광이 한 놈을 잠재워야 할 때다. 지금 우파 애국 세력은 인도 시성 타고르가 노래한 것처럼 '찬란하게 빛나는 동방의 등불'이 돼 통일 한반도를 이끌어 온 윤석열 대통령을 이어갈 차기 지도자를 애타게 찾고 있다.

북한이 1~2년 안에 무너지는 건 기정사실이다. 따라서 대한민국 국민은 통일 한반도를 이끌어갈 정신이 건강하고, 자유민주주의 대한민국에 대한 올바른 역사 인식을 가진 성숙한 지도자를 찾고 있다. 붕괴할 북한을 잘 아우르면서 통일 한반도를 반듯하게 건설할 지도자가 절실하다. 美 국방부는 이미 김정은이 핵으로 장난하면 곧바로 죽일 준비를 모두 마쳤다. 무엇보다 이번에 출범한 트럼프 행정부는 한결같이 중국과 북한을 철저히 혐오하는 인사들로 꾸려져 있다.

미국은 이미 김정은이 핵을 믿고 까불면 죽여버리겠다는 보고서를 냈다. 2022년 10월 간행된 '**국가방위전략(National Defense Strategy)**'이란 보고서에서 김정은을 없애버리겠다는 (조건부) 의지를 문서화했다. 보고서는 "김정은이 미국과 미국의 동맹국 및 파트너를 향해 어떤 종류의 핵이라도 발사하면 그것은 용납할 수 없으며, 곧 '(김가)정권의 종말(End of the Regime)'로 귀결될 것"이라고 명기했다.

　美 국방부가 국가방위전략 보고서를 내면서 김정은 정권의 종말을 공식 선언하게 된 배경에도 문재인에 이어 윤석열 우파 정부가 들어섰기 때문이다. 2022년 미국의 국방보고서 이후 한반도 정치의 주도권은 미국과 한국이 장악하게 되었다. 2023년 한미일 공조가 완성되면서 북-중-러 삼각 동맹에도 금이 가면서 흔들리기 시작했다.

미국 정부, 김정은 죽일 구체적 방안 제시

　미국이 김정은을 죽인다는 걸 말로만 한 게 아니다. 실제로 2022년 10월 23일 일본의 가노야 기지에 요인을 암살하는 하늘의 저승사자를 배치해 김정은 제거 방안을 구체화했다. '지옥의 불(Hell Fire)'이라고도 불리는 하늘의 저승사자는 미사일 14발과 레이저 유도탄 2발을 장착하고 시속 480km의 속도로 20시간 이상 날면서 정찰 및 폭격 작전을 수행한다. 작전 범위는 무려 5,400km에 이른다.

　김정은이 만일 도발하고 싶다면 불과 1,000km도 안 되는 가까운 곳에 (너를) 죽일 저승사자가 와 있다는 것을 명심하라. 미국

정부는 2019년 알카에다 두목 (오사마 빈라덴의 아들) 함자 빈라덴을 제거했다. 이어서 2020년 1월 4일 저승사자 'MQ-9'으로 이란 군부 실세 솔레이마니 사령관을 제거했다.

〈북한 인근 일본 가노야 기지에 배치된 'MQ-9' 리퍼가
김정은을 제거할 준비를 마쳤다.〉

미국은 지난 4년 동안 배치 자체가 비밀이었던 '리퍼(Reaper)'를 공개하고 한국공군과 함께 사격훈련(2024년 4월 15일~4월 26일)을 실시했다고 밝혔다. 이는 하늘의 암살자로 불리는 'MQ-9' 리퍼가 이미 한국에 와 있었다. 언제든지 미국이 마음만 먹으면 김정은을 소리 소문도 없이 제거할 수 있다. 그의 동선은 너무도 뻔하다. 김정은이 틀어박혀 있지 않은 한 이 한 놈 제거는 '누워서

떡 먹기(a pice of cake)'라는 게 군사 전문가들의 견해다.

그러나 미국은 김정은을 확실히 죽이기 위해서는 암살 전용 'MQ-9' 리퍼보다 더 확실한 방안을 계획하고 있는 것으로 알려졌다. 2023년 12월 31일 미국의 자유 아시아방송은 김정은 죽이는데 가장 좋은 방법은 'F-35' 전투기를 사용하는 것이라고 주장했다.

이 방송이 나온 뒤 3주일 만에 대한민국 국방부 장관(신원식)이 F-35 전투기 부대를 직접 찾아가 "여러분이 제일 먼저 보이지 않는 힘으로써 활약해야 할 것"이라며 김정은이 까불면 언제든지 먼저 출동해 제거해야 할 것이라고 암시했다. 현재 대한민국도 'F-35' 전투기를 60대나 보유하고 있다.

이제 미국은 핵 무력을 완성했다고 떠들어 대는 김정은을 죽이기 위한 "2중 3중의 구체적인 계획을 준비하고 있다"라고 美 국방부가 직접 밝혔다. 미국의 대북정책 당국은 최악의 경우 김정은 한 놈만 죽이면 된다는 것을 알고 있다. 따라서 최근 김용현 국방부 장관이 국정감사에서 더불어민주당의 한 의원이 "남북한이 싸우면 누가 이기느냐?"라고 질문하자 김용현 장관은 "우리가 반드

〈미국은 김정은을 죽이기 위해 'MQ-9'보다 더 확실한 'F-35' 전투기를 사용할
계획인 것으로 알려졌다.〉

시 이긴다. 우리는 5,000만 명이 다 존엄이다. 하지만 북한은 김정
은 한 놈만 존엄이므로 그놈만 제거하면 된다"라고 답변했는데,
모두 같은 맥락에서 나온 말이다.

지금 한반도는
자유통일을 준비할 때다!

곧 붕괴할 김정은 종말을 준비해야 한다

지금 한반도를 둘러싼 국제정세는 어느 때보다 긴박하게 움직이고 있다. 김정은이 혈맹인 중국과 척을 지면서까지 러시아 푸틴과 놀고 있다. 마침내 북한 인민군을 우크라이나 전쟁터에 파병이아닌 푸틴의 용병으로 팔아넘겨 돈과 무기 기술을 챙기고 있다. 한편으로 북한 내 정세 불안을 잠재우려는 꼼수로 일석 이조 삼조를 노리고 있다. 이는 김정은의 고육지책일 뿐이다. 북한이 우크라이나 전쟁에 참여함으로써, 미국과 유럽으로부터 거센 비난을 받고 있다. 게다가 굶주림에 성난 북한 인민들은 오히려 북한 청년들을 푸틴의 전쟁 제물로 팔아넘겼다며 분노하고 있다.

국제정치 전문가들은 몇 가지 이유로 김정은의 시간이 얼마 남지 않았다고 전망한다. **첫째는** 미국 정부가 북한 핵 놀음에 이어 푸틴의 전쟁놀음에까지 끼어든 김정은을 빠르면 올해 내로 제거할 가능성이 높아지고 있다. **둘째는** 이미 시진핑과도 거리를 두고 있어 김정은을 죽이는 것이 쉬워졌다. **셋째는** 김정은의 생물학적 수명이 다되었다고 본다. 의료전문가들은 김정은의 수명은 길어야 1~2년을 넘기기 어렵다고 진단한다. 마지막으로 최악의 굶주림에 시달리는 북한 인민은 물론 인민군대까지도 임계치를 넘고 있다. 북한 전문 소식통들은 김정은이 내년(2025년) 춘궁기를 넘기기 어렵다고 주장한다.

이에 따라 윤석열 정부는 이미 '8·15통일 독트린'을 발표하고 북한 붕괴 이후를 철저히 준비하고 있다. 하지만 어떤 형식으로든 김정은 정권이 붕괴한다고 해서 곧바로 자유 통일로 이어지는 건 아니다. 문제는 북한의 김씨 일가 정권이 붕괴하면서 진행될 과정이 간단하지 않다는 것이다. 북한의 동맹국 중국과 러시아, 그리고 대한민국의 동맹국 미국과 우방 일본 및 유럽 등 서방이 복합하게 얽혀있다. 하지만 한반도 통일의 문제는 누구보다 미국 정부가 가장 강력하고 확실한 역할을 하게 된다.

김정은이 2023년 말부터 2국가론을 강조하면서 남한을 적대 국가로 선언했다. 과거의 남북한 화해 협력의 상징이던 시설물이나 상징물을 모조리 철거하거나 폭파하고 있다. 무엇보다 김정은의 할아버지 김일성부터 아버지 김정일까지의 정책을 뒤엎어버리면서 '통일을 하지 않겠다'라는 미치광이 짓을 서슴지 않고 있다. 게다가 남한의 종북 주사파들까지도 금과옥조로 믿고 따르던 적화통일 정책을 내버리고 김정은의 장단에 맞춰 노래하는 앵무새가 되고 있다.

〈북한 당국이 2020년 6월 16일 개성공단 내 남북 공동연락 사무소를 폭파했다.〉

이런 상황에서 한반도는 대한민국 국민 5,000만 명은 자유민주주의체제, 북한 주민 2,500만 명은 김일성 독재체제 아래에서 민족이 분단된 채 79년을 각기 다른 삶을 살았다. 북한 주민도 우리 동포로서 우리 헌법 4조에 규정된 자유, 인권, 개방 및 복리 등 자유의 기본 질서를 구체적으로 누릴 권리가 있다. 그러므로 자유민주주의 대한민국이 주도적으로 한반도 자유 통일을 완성해야 한다.

윤석열 정부가 어렵사리 이뤄낸 한미일 공조를 통해 한반도 자유 통일의 기반을 다져 놓았다. 따라서 향후 한반도 자유 통일을 완성할 차기 지도자는 누구보다 윤석열 대통령과 함께 가야 한다. 국제 정치문제를 윤석열 대통령과 같은 입장과 맥락에서 이해하는 사람이어야 한다. 무엇보다 한미일 찰떡 공조를 유지하면서 중국과 러시아의 개입을 사전에 차단하고 자유 통일을 이뤄내야 한다.

문재인 정부처럼 한일 간을 이간질하고, 한미동맹을 약화하면서 종북적 태도의 민족주의를 내세우거나 친중국 쪽으로 기우는 반국가 세력이 다음 정권을 잡는다면 대한민국의 자유 통일은 물거품이 될 수 있다. 자유민주주의 대한민국을 원하는 국민은 종북 주사파와 친중 인사를 반국가 세력으로 알고 철저히 배격해야 한다.

특히 정재호 주중국 한국대사는 2022년 7월 19일 취임 이후 국제정세를 제대로 판단하고 있다는 평가를 받는다. 하지만 최근 들어 친중국 성향으로 기울고 있다는 지적이 일고 있다. 무엇보다 트럼프가 당선됨으로써, 만에 하나 정재호가 친중국 성향을 나타 낸다면 이는 심히 우려스럽다. 지금 트럼프의 내각 구성을 보면 한결같이 반중 인사들로 꾸려져 있다.

트럼프 행정부가 지금 내각을 구성하면서 한결같이 반중 및 중국혐오 인사들을 불러들이는 이유가 무엇일까? 게다가 국가정보 국을 비롯한 외교 안보팀은 모두가 북한 김정은 죽이기를 벼르는 사람들이다.

이번 트럼프 행정부에 국무장관으로 지명된 마르코 루비오 상원의원(플로리다)은 "이전에 트럼프가 김정은에게 아부한 것이 좋은 거래를 하려고 한 것은 알고 있다. 하지만 트럼프는 절대로 김정은을 신뢰하지 않는다. 그는 김정은을 불쌍히 여긴다"라며 "김정은 아버지와 할아비로부터 가업을 물려받은 꾀쟁이(a tricky person)인데, 그의 개인 능력으로는 민주국가에서 거리에 돌아다 니는 개를 잡는 사람의 보조에도 뽑히지 못할 놈이다"라고 굉장 히 모욕적인 발언을 한 정치인이다.

국민의힘 차기 지도자,
자유통일 이끌 강한 리더십 필요

현재 범여권에는 좋은 정치인이 많다!

현재 국민의힘 정치인 중에는 이 나라 자유민주주의 대한민국을 이끌 능력 있는 대선주자급 정치인들이 많다. 서울시장 오세훈, 대구시장 홍준표, 나경원 의원, 원희룡 전 의원 등 기라성 같은 인물들이 있다. 그리고 윤석열 정부의 국무위원 중에서도 한덕수 총리, 김영호 통일부 장관, 김문수 노동부 장관, 김용현 국방부 장관, 신원식 안보실장 등이 대선후보로서 충분한 자질과 역량을 갖춘 분들이라고 할 수 있다. 이분들은 더불어민주당의 낡고 허접한 3김(김동연-김경수-김두관)과 3총(김부겸-이낙연-정세균)과는 비교 불가다.

이들은 저마다 엄청난 장점을 가지고 있는 정치인이자 행정가들이다. 개개인 한 사람의 자질과 역량을 놓고 보면 어느 한 사람도 차기 대선후보로서 부족함이 없을 정도로 훌륭한 자유민주주의 대한민국의 범여권 정치자산이다. 그러나 성경은 전도서에서 '범사에 기한이 있고, 천하만사가 다 때가 있다'라고 가르친다. 이들이 크게 쓰일 때는 반드시 하늘의 뜻을 바르게 따르는 사람이어야 한다. 지금은 누가 뭐래도 윤석열 대통령과 뜻을 같이하는 사람이 바로 한반도의 미래를 짊어질 지도자라고 할 수 있다.

윤석열 대통령이 탁월한 외교정책을 펼치면서 대한민국은 서방 자유 진영의 한미일 공조를 과시하고 있다. 반면 전체주의 또는 독재체제 진영에서는 북중러가 함께하는 구조로 틀이 딱 잡혔다. 특히 한미일 공조가 계속되는 한 국제환경은 매우 안정된 구조라고 할 수 있다. '한미일 대 북중러'는 한 마디로 게임 자체 성립되지 않는다. 경제력, 군사력, 기술력은 말할 것도 없고, 인류사회의 보편적 가치라는 측면에서도 '자유 대(vs.) 독재'는 언급할 가치조차 없다.

하지만 대한민국의 국내 현실은 엄혹한 위기에 처해있다. 북한 괴수 김일성은 집권한 1948년 이후 지금까지 76년 동안 오매불망 적화통일이라는 한 목소리만을 외쳐왔다. 그리고 남한적화를 위해 북한은 수단과 방법을 가리지 않고 남한에 수십만 명의 간첩을 남한에 뿌려놓았다. 굳이 안보전문가가 아니어도 조금만 세심하게 주변을 살펴보면 남한은 지금 내면적 적화 상태라는 것을 쉽게 알 수 있다.

무엇보다 더불어민주당이 하는 정치 행태를 보라. 이게 정말 대한민국을 위한 정치인가? 그리고 언론을 보라. 대다수 언론이 국가의 안전이나 산업 발전 등 국익보다 대한민국의 주적인 북한을 걱정하고 북한을 두둔하고 있다. 그런데도 대한민국의 국민은 자신이 종북 간첩 바이러스에 감염된 줄도 모르고 주사파 정치인을 열렬히 지지하고 있다. 하물며 전직 대통령 문재인이 간첩이라는 명백한 팩트가 있어도 국힘조차 이 문제를 제기하는 자가 없다. 국민이 정신 차리지 않으면 대한민국의 내일은 없다.

나라가 이 지경인데, 문재인에 이어 이재명이 대통령이 되지 않은 것은 천우신조 외에는 달리 할 말이 없다. 윤석열 대통령이 외교정책을 그토록 잘하고 있는 데도 나쁜 것만 보도되는 것은 언론이 주사파에 장악돼 있기 때문이다. 이재명이 그토록 파렴치한 범죄를 저지르고도 아직 구속되지 않은 것은 사법부와 검찰이 주사파에 장악돼 있기 때문이다. 문재인이 간첩이란 사실이 속속 드러나고 있는데도 문제 삼지 못하는 것은 국민의힘 의원들이 절반은 무능하고 절반은 주사파 바이러스에 자신도 모르게 감염됐기 때문이다. 이게 현재 대한민국에서 살고 있는 우리의 가여운 모습이다.

그나마 올바른 역사 인식을 하는 지도자가 윤석열 대통령과 행정부 국무위원이다. 훌륭한 품성과 높은 학식을 갖춘 한덕수 총리가 국감장에서 한때 한솥밥을 먹던 더불어민주당 의원들을 향해 그토록 목소리 높여 "의원님들 공부 좀 하세요"라고 하는 이유가 뭘까? 이들에게는 상식도, 지식도, 과학마저도 통하지 않는 오직 '떼쓰기'와 '내로남불'로 모든 걸 해결하려고 하기 때문이다.

이대로 가면 다음 정권이 위험하고, 나아가 자유민주주의 대한민국이 위험하다. 따라서 우리는 범여권의 훌륭한 정치인들 가운데, 자유민주주의 대한민국의 현실을 정확히 인식하고 윤석열 대통령의 나머지 임기를 무사히 마칠 수 있도록 뜻을 같이하며 보좌할 지도자를 발굴해 적극 지지해야 한다.

자유통일 한반도에
펼쳐질 찬란한 '은빛 미래'

조지 프리드먼의 예측이 '현실로!'

조지 프리드먼(George Friedman: 1949~)은 헝가리 태생의 미국 군사정치전문가다. 코넬대학교에서 정치학 박사 학위를 받고 루이지애나 주립대 교수로 일했다. 1966년 정치, 경제, 외교 싱크탱크인 '스트래포(STRATFOR, Strategic Forecasting, Inc)'를 설립했다. 저서로는 『넥스트 디케이드(The Next Decade: 2013년)』 『100년 후(The Nest 100 Years: 2009년)』 등이 있다.

조지 프리드먼은 한국의 IMF(1997년 12월), 코소보 전쟁(1998년 2월~1999년 6월), 미국 금융위기 서브프라임모기지 사태

(2008년) 등을 정확히 예측해 '21세기 노스트라다무스'라는 별명이 붙었다. 그런 그가 지난 2009년대 초에 2000년~2100년의 한 세기를 예측한 『100년 후』라는 책을 발간해 한때 세간의 주목을 받았다. 하지만 출간 당시엔 학자들의 의견이 분분했다.

비록 천하의 조지 프리드먼이라고 해도 당시 세계 제조업 블랙홀로 불리던 중국과 세계 최고의 지하자원을 가진 러시아의 몰락을 예견한 것은 터무니없어 보였다. 무엇보다 그 당시에 미국의 최대 금융회사인 리먼 브라더스 홀딩스 주식회사(Lehman Brothers Holdings Inc., IPA: 1850년 설립)가 파산했다. 리먼은 다각화된 국제 금융 회사로 투자은행, 증권과 채권 판매, 연구 및 거래, 투자관리, 사모투자, 프라이빗 뱅킹(PB: 자산관리)에 관여하고 있었다. 게다가 美국채시장의 주 딜러(dealer)였다.

따라서 당시 세계는 오히려 미국의 몰락과 중국의 패권을 기정사실화한 시기였다. 특히 대한민국의 친중 인사들은 프리드먼을 미친 사람으로 취급하기도 했다. 하지만 그 책이 세상에 나온 지 15년이 된 2024년 현재, 한때 친중국 성향을 가지고 중국의 패권을 기정사실로 외치던 친중 인사조차 지금은 중국의 몰락을 이야기하고 있다. 마침내 전 세계인이 조지 프리드먼의 미래를 내다보는 혜안에 혀를 내두르고 있다.

'2020~2030년'
조지 프리드먼 분석 보고서

조지 프리드먼이 본 중국의 미래

향후 중국의 미래는 이전처럼 부상(rise)이 아닌 붕괴(collapse)를 생각해야 한다. 중국 10억 명의 극빈층이 폭발할 날이 곧 다가올 것이다. 중국은 잘해왔다. 하지만 동시에 많은 문제를 안고 있다. 문제의 핵심은 가난이다. 6억 명이 가구당 하루 3달러 미만의 벌이로 산다. 4억 4,000만 명은 6달러 미만으로 살고 있다. 13억 명 중 10억 명 이상이 아프리카처럼 가난 속에서 허덕이고 있다는 것이다. 물론 연간 2만 달러를 버는 6,000만 명의 또 다른 중국이 있다. 하지만 이것은 중국 인구의 5% 미만이다. 이들이 진정한 중국은 아니다.

게다가 중국은 내부 경제가 없는 나라다. 유럽과 미국이 제품을 사주지 않으면 존립하지 못한다. 그래서 중국은 외부 세계의 인질이나 마찬가지다. 계층 사이에는 상당한 긴장이 조성되고 있다. 빠르게 성장하고 있을 때는 이 문제를 다루기가 쉬웠다. 하지만 이제는 더 이상 그렇게 못한다. 임금이 전처럼 싸지 않아 수익성을 받쳐주지 못하고 있기 때문이다. 고부가가치 산업으로 이동하려고 하지만 미국·독일·일본·한국과 같은 쟁쟁한 나라가 버티고 있다.

지난 1989년의 잃어버린 일본과 같다. 일본은 눈부신 성장 뒤에 금융 시스템이 붕괴하고 있었다. 지금 중국처럼 일본은 외국 자산을 사들였다. 중국의 성장 사이클이 막바지에 달했다는 신호다. 국가마다 다른 해법을 찾는다. 일본은 성장률을 낮췄다. 하지만 중국은 해법이 없다. 중국은 실업을 인내할 여력이 없다. 일자리를 찾아 도시로 이동한 농민들이 일자리를 잃으면서 사회를 불안정하게 만든다. 한동안은 이들의 원성을 가라앉히기 위해 부자 6,000만 명에게 세금을 거둬 분배해야 한다. 거둬들인 돈으로 군대 충성은 유지할 수 있다. 그러나 이는 인민을 억압하는 임시방편일 뿐, 해법은 아니다.

앞으로 5년 동안 중국은 장기적인 관점에서 해답을 구해야 한다. 갈등을 해결하기 위해 마오쩌둥이 한 것처럼 나라를 폐쇄할 것인가? 아니면 20세기 중반처럼 지역주의와 불안정 패턴에 따를 것인가? 둘 다 해답이 아니다. 결국 엄청난 수의 빈곤층과 내부 경제 부실 때문에 머지않아 거품이 빠지고 힘이 약해지면서 몰락의 길을 걸을 수밖에 없다.

채무의 덫에 걸린 중국

무엇보다 중국의 몰락을 재촉하는 사건은 중국의 막대한 채무이다. 현재 중국은 회수 불가능한 채무가 덫이 되고 있다. 조지 프리드먼은 이 문제를 이미 20년 전인 2000년대 초부터 예측했다. 실제로 중국은 막대한 부동산 프로젝트로 파이낸싱을 일으켜 지방 곳곳에 막대한 건축 붐을 일으켰다. 그러나 이에 들어간 자금 회수가 불가능하자 대출을 일으킨 중국 금융권들이 지금 몰락 위기에 처해 있는 상황이다.

조지 프리드먼은 중국의 이 문제가 과거 1980년대 일본의 상황과 비슷하다고 했다. 하지만 중국은 일본처럼 기술력이 높고 '브랜드 밸류(brand value)'가 높은 제조업 또는 기술산업 육성에 실패해 중국경제는 몰락의 과정을 밟을 것이라고 보고했다. 그는 중국이 2020년부터 붕괴가 시작될 것이며 늦어도 2030년대 중반까지는 완전히 붕괴가 이어지고 빠르게 키워온 중국의 군사력은 이웃 국가에 대한 견제를 하지 못하고 내치, 즉 중국 내부에서 벌어지는 치안 및 안보 불안을 해소 통제하기에도 버거울 거라는 전망을 내놨다.

이를 토대로 신장위구르, 티베트, 타이완 같은 분리주의 세력을 중국 정부가 종국에는 통제하기가 어려울 것이라고 분석했다. 그는 중국의 지리학적 부분에서 중국의 한계점을 지적한다. 그러면서 놀라운 건 중국의 경제적 몰락 이후 주변 강대국들에 의해 사실상의 분할통치에 접어들 가능성을 이야기하며 거대한 파장을 일으키고 있다. 조지 프리드먼의 보고서는 2000년대 중후반인데, 2024년 현재 시진핑 중심의 독재체제가 완성을 앞둔 게 아니냐는 분석이 나오면서 그의 보고서가 정확하다는 것을 읽을 수 있다.

조지 프리드먼이 본 러시아 미래

조지 프리드먼 박사가 이 보고서를 내놓은 시점은 미국의 서브프라임모기지 사태로 세계 경제가 굉장히 어려울 때였다. 2010년 이전까지 러시아는 철저하게 친서방주의 노선을 타면서 G7 회원국이었다. 기존의 G7 체제가 G8 체제로 확대 개편돼 러시아가 강대국이자 자유민주주의 국가, 또 천연자원을 바탕으로 한 부유한 국가로서 위상을 떨치던 때였다. 그런데도 조지 프리드먼은 러시아의 미래를 매우 부정적으로 전망한 것이다.

그는 2015년 이후 러시아가 빠르게 쇠퇴할 것으로 내다본 것이다. 러시아의 지정학적 불안 요인으로 과거 러시아의 친구들이었던 동유럽의 옛 소비에트 우방국인 폴란드·체코·슬로바키아 등의 동구 권 국가들이 친서방국이 되었다. 특히 오랜 세월 중립을 지켜오던 핀란드와 스웨덴이 나토에 가입하게 되면서 모스크바 방면으로 진군하는 것을 지정학적 불안 요인으로 꼽았다.

이러한 상황 속에 러시아는 서구의 팽창주의로부터 방어하기 위해 막대한 재정을 쏟아부을 것이나 이것은 거대한 낭비일 뿐이다. 따라서 2000년대부터 벌어들인 러시아의 막대한 국부를 탕진하게 될 것이란 분석을 내놓았다. 실제로 러시아는 2014년 소치 동계올림픽 개최 당시 우크라이나 영토인 돈바스와 크리미아반도를 침공하면서부터 G7 체제에서 강제 퇴장을 당하고 미국을 비롯한 서방이 제재를 가하기 시작했다. 종국에 와서는 2022년 2월 우크라이나 침공 사태를 계기로 러시아는 지금 서방으로부터 완전한 왕따 국가가 됐다.

조지 프리드먼 박사는 러시아의 이런 사태가 벌어지기 전부터 러시아의 비정상적인 인구구조, 정치적인 불안정이 심화할 것이고, 결국 러시아는 과거 몰락했던 '로마노프 왕조'의 제정 러시아, 그리고 소비에트연방 러시아처럼 국가적 몰락이 이뤄질 것이란 분석을 내놓았다. 그 붕괴의 결과는 과거 두 제국의 붕괴 때보다 훨씬 더 참혹할 것이며, 결국 러시아 연방의 해체가 이뤄질 것이라고 예상했다.

조지 프리드먼이 본 일본의 미래

일본은 현재 노동인구의 감소로 몰락 위기에 처했다. 그런데도 적극적인 이민 정책을 취하지 않는 문제가 있다고 지적한다. 조지 프리드먼은 일본에 노동력 수입 등 적극적 이민 정책 개방에 관해 제안했으나 그럴 가능성은 희박하다고 전망했다. 지속적인 노동 인구 감소는 일본에 부정적인 미래가 분명하다. 하지만 일본에 큰 기회가 찾아오고 있다고 분석했다. 이는 다름 아닌 중국과 러시아의 몰락을 염두에 둔 것이다.

앞으로 중국과 러시아의 몰락이 가속화되면 그 힘의 공백을 일본이 채우려 할 것으로 예상했다. 중국의 몰락을 간파한 일본이 적극적인 군사력 개입으로 영향력을 확대할 것이고, 일본의 민족주의를 강화하면서 저임금 노동력을 확보해 일본에서 그 국부를 흡수할 것으로 전망했다. 그러나 과거 근대시기에 일본제국이 그랬던 것처럼 일본이 몰락한 중국의 동북부지방과 러시아의 연해주 사할린 쿠릴열도 일대까지 군사적 패권을 확대할 가능성은 높지 않다고 분석했다. 하지만 미국 정부에 일본을 경계해야 한다고 경고한다.

많은 미국인이 현재 일본이 평화적인 민주국가가 된 것으로 알고 있다. 그러나 그건 착각이다. 일본의 전통적 국민성은 소수의 똑똑한 엘리트에게 철저하게 복종해 결과적으로 군국주의 국가로 과거와 같은 아시아의 패권국으로 성장하게 될 가능성이 높다고 봤다. 또 이는 미국을 위협하는 강대국이 되어 2030년쯤부터는 미국과의 관계가 소원해질 가능성이 높고, 2040년대는 미국과 일본이 적대적 관계로 돌변할 가능성을 주장했다. 프리드먼 박사는 그 대안으로 대한민국을 언급한다.

일본 경제가 정체된 30년을 '잃어버린 30년'이라고 말한다. 하지만 이것은 일본의 목표에 대한 오해다. 일본적 가치에 서양적 관점을 적용한 것이다. 일본은 기업의 이윤을 희생하면서 사회적 핵심 가치인 고용을 유지했다. 30년을 잃어버린 게 아니다. 오히려 일본의 가치를 보전한 것이라고 봐야 한다.

그러나 일본도 더 이상 빚을 쌓아가며 자국의 가치를 보호할 수 없다. 일본 역시 경제와 사회 구조를 바꿔야 한다. 하지만 일본에는 중국보다 압도적으로 유리한 조건이 많이 있다. 중국처럼 빈곤 속에서 살고 있는 10억 인구가 없다. 그리고 중국처럼 사회 불안 없이 긴축을 견딜 수 있는 나라가 바로 일본이다. 2차대전 때에 일본의 리더는 '어떤 전략으로 반드시 승리하겠다'라고 말하지 않았다. (리더가 역량을 발휘하지 못하는 기간에도) 혁명을 일으키지 않은 유일한 국민이 일본이다. 일본 국민은 리더십이 형성될 때까지 기다릴 수 있는 무서운 나라다.

그런 일본의 근본적인 약점은 천연자원이 없다는 것이다. 일본은 해상 교통에 접근하지 못하면 모든 것을 잃을 수 있는 약점이 있다. 호르무즈 해협, 말라카해협, 남중국해 모두가 일본의 생명선이다. 그래서 일본은 늘 걱정을 안고 있다. (생명선에서) 위기가 발생했을 때 해결책을 찾지 못하면 다시 공격적으로 변할 여지가 있다. 일본이 힘을 회복하면 필연적으로 해군력을 증강할 것이다. 특히 미국은 향후 공격적인 일본에 대처할 전략을 개발해야 한다.

조지 프리드먼이 본
미국의 미래

**"미국이 몰락할 것이란 다른 나라의 믿음이
미국을 받치는 원동력이다!"**

21세기에도 미국은 컴퓨터 등 디지털 첨단 산업과 우주항공 분야의 최선두를 달리면서 세계를 지배할 것이라고 분석했다. 지리학적으로 미국은 태평양과 대서양을 아우르는 거대한 완충지대를 두면서 양옆으로는 세계에서 가장 중요한 국가들이 몰려있다. 그런 나라에 언제든지 미국의 영향력을 행사할 수 있다. 미국은 세계 최강의 강대국으로서 지정학적인 안정성을 얻을 것으로 전망했다. 특히 미국의 막강한 해군 군사력으로 아시아 태평양과 유럽

대서양, 두 거대 대양의 강대국을 우방국으로 만들 경제력과 군사력으로 100년 동안 미국의 시대가 저물지 않고 오히려 더 강대해질 것이라고 분석했다.

게다가 지금 미국은 모든 해상무역을 통제하고 있다. 여전히 세계 경제의 25%를 차지하고 있다. 미국인들이 물건을 사지 않고 저축에 열을 올리면 중국, 인도와 같은 나라는 어디에 물건을 팔 것인가? 한국도 마찬가지 아닌가? 한국을 비롯한 우방국은 물론 적대국인 중국이나 북한까지도 미국 대통령이 누가 되느냐에 왜 그토록 관심을 기울이는가? 미국의 거대한 경제적 파워 때문이다. 이제 미국인도 좋든 싫든 제국의 위치를 무시하고 관심을 기울이지 않는 것은 불가능하다. 미국인은 웃고 있지만 속으론 끙끙대고 있다. 미국은 "자신이 당연히 최고여야 하는데 그렇지 못하면 어쩌나?" 지지 않으려고 그들은 발버둥을 치고 있다. 거기서 미국의 힘이 나온다.

세계는 이미 반세기(50년) 전부터 지금까지 미국이 쇠퇴하고 있다는 것을 상식처럼 받아들이고 있다. 그런데 왜 그런 미국을 '앞으로도 세계를 지배할 유일한 대국'이라고 하나? 실제로 1970년대 베트남전쟁 이후 실업률이 치솟고 미국 경제가 불황에 빠졌을 때도 미국이 쇠락한다는 믿음이 지배적이었다. 1980년대 일본이 경제의 슈퍼 파워로 등극했을 때도 학자들은 일본이 미국을 이길 것이라고 주장했다. 2008년 리먼브러더스 사태 (서브프라임모기지) 때도 곧 중국이 미국을 넘어서고 패권을 거머쥘 것이라고 믿었다. 하지만 그런 믿음은 모두 깨졌다.

그 당시 미국 역사에 매우 심각했던 2008년 금융위기도 역사상 네 번째 금융위기였을 뿐, 모두 잘 극복 해냈다. 흥미로운 것은 그런 '미국이 쇠퇴한다'라는 믿음이 미국을 지금의 위치로 끌어 올린 동력이라는 것이다. 쇠퇴하지 않으려고 발버둥을 쳤기 때문이다. 지속적인 좌절감이야말로 미국인의 생존력이다. 미국인은 최고의 호시절이 늘 과거였다고 생각하는 사람들이다.

세상 사람들은 대개 미국인들은 낙천적이고, 미래지향적이라고 알고 있다. 그건 착각이다. 미국인들은 생각보다 훨씬 복잡하고 미묘(subtle)한 사람들이다. 미국인들이 자주 웃기 때문에 단순하고 행복하다고 생각할 수 있다. 그렇지 않다. 난 헝가리에서 태어나 어릴 때 미국으로 이민을 왔다. 그래서 미국을 누구보다 더 객관적으로 볼 수 있었다.

미국인은 웃고 있지만 내면에는 불안(anxiety)을 안고 있다. '당연히 최고여야 하는데 그렇지 못하면 어쩌나' 하면서 전전긍긍한다. 이는 미국 사회를 불행하게 하는 동시에 강력하게 만드는 요소이다. 그래서 미국은 앞으로도 중국이 필요할 것이다. 과거에 소련과 일본이 필요했던 것처럼 말이다. 누군가 우리를 압도할지도 모른다는 긴장을 미국인들 스스로 필요로 하는 나라가 지금은 중국이다. 미국인의 영혼은 언제나 그런 불안을 찾아다닌다.

기억하라! 우리는 조상들이 다른 나라에서 실패하고 이리로 건너온 사람들이다. 미국의 정신은 이민의 역사와 엮여 있다. 그래서 외부인에게 '우리는 실패자가 아니다'라는 걸 보여주는 것이 늘 중요했다. 내 경우 헝가리에서 살 곳이 없어 미국으로 왔다. 부모님은 교육에 열성을 쏟았다. 미국 이민자들은 고향 사람에게 성공했다는 것을 보여주고 싶어한다. 그것이 나를 여기까지 이끈 원동력이다.

미국으로 건너온 한국인들을 비롯한 다른 이민자들도 마찬가지다. 그들에게 가장 큰 수모는 무엇인가? 다시 자신이 태어난 나라로 돌아가는 것이 아닌가? 이런 사람들이 모인 곳이 미국이다. 소련? 일본? 중국? 누구든 미국을 압도하면 안 되는 이유다. 조지 프리드먼은 미국을 위협할 나라로 예상외의 국가인 일본을 꼽고 있다. 마치 세계 제2차대전이 일어나기 수십 년 전에 한국의 탁월한 정치지도자 이승만이 일본의 미국 공격을 전망하는 유명한 책을 썼던 것처럼 말이다.

이는 자유민주주의 대한민국을 건립한 이승만 대통령이 1941년에 쓴 베스트셀러 '일본 내막기(Japan Inside Out)'를 말하는 장면이다.

자유통일 한반도
미국과 G2 국가로 우뚝 선다!

"대한민국 늦어도 2030년까지 자유 통일,
일본의 가시가 된다!"

(세계지도를 가리키며) 한반도는 중국·일본·러시아에 둘러싸인 폭탄 같은 존재다. 쇠퇴하는 중국이 5년 후에도 북한을 지지할 수 있을까? 통일은 5년 안(2030년)에 될 것이다. 한국인들이 원하는 일인지 모르겠지만. 한국은 북한 문제를 다룰 때 반드시 미국의 도움이 필요 하다. 통일 후 금융 문제가 닥칠 땐 더욱 그럴 것이다.

미국은 다른 대안이 없기 때문에 대한민국의 도움을 환영할 것이 분명하다. 일본은 미국이 원하는 한반도 통일을 반대하지는 않겠지만 기뻐하지도 않을 것이다. 그러나 중국은 대한민국의 자유 통일을 누구보다 반대하는 방해 세력이다. 하지만 북한에 대한 통제력을 잃은 상태에서는 중국도 반대할 이유를 찾기 어려울 것이다.

한국 국민에게는 북한 붕괴가 그동안 이룬 경제 성과를 무너뜨릴 것이란 공포가 내재해 있다. 그러나 한국은 역동적인 국력을 보유하고 있다. 북쪽에 무슨 일이 발생하든 대한민국의 국력은 계속 유지될 것이다. 통일 후 10년은 다소 고통스럽겠지만 길게 보라. 북한의 넓은 땅과 자원, 그리고 2,500만 명이라는 인구와 값싼 노동력에 남한의 기술력과 자본, 그리고 서방 가치를 지향하는 정치적 리더십이 합쳐지면 엄청난 시너지효과가 발생하게 된다.

나는 개인적으로 늘 한국이 통일됐을 때, 만주(내몽고 자치주)가 어떻게 될지 궁금하다. 중국은 내부 국내문제를 통제하기에 급급할 것이다. 러시아도 극동아시아에서 영향력이 약화하고 있다. 일본은 거리가 너무 멀다. 한국이 통일되면 만주 지역에서 큰 기회가 열릴 것이 분명하다. 남한이 주도하는 자유민주주의 통일이 되면 한국은 반드시 강대국이 될 것이고, 일본엔 가시(thorn) 같은 존재가 될 것이다. 한국이 일본을 죽일 정도는 아니지만 굉장히 위협적인 존재가 된다는 것은 분명하다.

그리고 향후 10년간 서태평양 지역에서 한국은 미국의 가장 강력한 협력국이 될 것이라고 분석했다. 역사적 배경 때문에 한국은 일본을 경시하며, 중국을 불신한다. 그렇다고 미국과 편안한 관계에 있는 것도 아니다. 하지만 일본이 강해지고 중국이 약해질 때 한국은 반드시 미국이 필요할 것이다. 게다가 미국과 한국은 서방 가치와 같은 신앙(개신교)을 가진 국가라는 점이 큰 힘이 될 것이다.

미국도 일본과 중국의 균형을 맞추기 위해 한국에 의존할 것이다. 한국은 이미 상당한 규모의 기술 중심지가 됐다. 중국은 (위기를 극복하기 위해) 한국의 기술을 갈망할 것이다. 미국은 기술 이전에 대한 부분적 통제권을 확보함으로써 중국에 대한 영향력을 증가시키려 할 것이다. 결국 미국은 중국에 가장 가까운 한국을 통해 중국을 무너뜨리게 될 것이다.

중국이 무너지게 되면 현재 중국의 '**동북 3성(길림성, 요녕성, 흑룡강성)**'과 내몽골 자치구(만주)가 한국에 큰 기회가 될 것으로 전망했다. 일각에선 조지 프리드먼의 해석에 대해 한국이 옛 고구려와 발해 등 고토(古土)를 회복한다는 의미로까지 보는 시각이 존재하며, 만주지방 경제권이 통일한국의 경제권에 편입될 가능성이 있을 것이란 해석이 나오기도 한다.

조지 프리드먼 박사는 한반도 통일 이후 한국의 인구는 적게 잡아도 7,000만 인구 대국이 되어 일본에 뒤지지 않고 모든 분야에서 일본을 위협할 수준까지 도달할 것으로 분석했다. 무엇보다 중국의 힘의 공백에 따라 자유민주주의 통일한국이 완성되면 대한민국의 경제는 이루 헤아리기 어려울 정도로 눈부신 발전을 이룩할 것으로 내다봤다.

특히 자유민주주의 한반도가 성공적으로 구성되면 미국 위스콘신 대학 등 좌파 성향이 강한 경제학자들도 북한의 값싼 노동력과 지하자원, 그리고 남한의 자본력과 기술력이 결합해 연평균 15% 이상 성장이 30년간 이어질 거라고 전망한다. 그리고 우파 성향의 시카고학파 경제학자는 연평균 25% 성장을 30년간 이어가며 명실공히 1인당 GNP 10만 달러가 넘는 국가로 미국과 G2 국가로 세계를 선도할 것이라고 분석했다.

광화문 애국 세력이
만들어 온 한반도 통일의 꿈!

자유민주주의 대한민국을 살리기 위해 양손에 태극기와 성조기를 든 광화문 애국 노인들이여! 몹시 걱정스러운 얼굴이군요. 하지만 기운을 내세요. 빨갱이들의 파티는 이제 끝났답니다.

빨갱이 진영의 희대의 범죄자 이재명은 곧 구속이 될 터이고, 함께 거짓으로 정치 연기를 해온 종북 주사파 정치인들은 모두 가짜 배우였고, 그들은 곧 정치판 무대에서 녹아 시궁창으로 사라질 거예요.

국민을 속여 단 저 화려한 금배지들도 거짓 구호도 그 자체도 모두가 실체 없는 것으로 사라지리니. 우린 자유민주주의 대한민국을 지키려는 꿈을 꾸어왔고, 그 꿈은 종북 주사파들에 의해 해체될 뻔한 자유민주주의 대한민국을 꼭 붙들고 있어요.

가짜와 사기로 위장한 범죄자들이 판치는 시대에 진실과 자유와 정의와 개인 존엄을 추구하는 데 많은 슬픔을 느끼게 만들지라도, 범죄자가 금배지를 달고 국감장에서 증인을 범죄자 다루듯 설치더라도 조금도 좌절하지 말아요. 저들이 갈 곳은 감옥이니까요.

고결한 애국자를 극우 보수로 모는 나라, 범죄자들이 모인 집단이 혁신당이라고 큰소리치는 나라, 지금은 슬프고 아리지만 낙망하지 말고 마지막 힘을 내봐요. 우린 광화문 광야에서 거칠고 긴 시간을 품고 추위도 무더위도 아랑곳하지 않았던 그날들을 기억해야 해요.

지금 우린 9부 능선에 와 있어요. 딱 이 한고비만 잘 넘겨봅시다. 그러면 우리의 임무는 끝이 나고, 머지않아 자유 통일을 이룩할 한반도에는 밝고 희망찬 미래가 펼쳐질 거예요.

그런 우리를 '틀닭'이니 '꼰대'니 부르는 저 자들은 애미 애비도 없는 후레자식들이지요. 이제 우리가 해야 할 마지막 남은 건 우리 손으로 세운 윤석열 대통령을 지키고, 다음 대통령도 우리 손으로 만드는 것이에요.

우리의 애국정신이 아픈 자유민주주의 대한민국을 치유하고 다시 일으켜 세우고 있어요. 그러니 우리가 만들어 온 소중한 꿈을 우리 손으로 완성하고 이 땅을 자랑스럽게 떠나도록 해요.

우린 언제나 연약하고 늙은 육신을 안고 오직 어린 손자와 손녀를 위해 저 흉측한 빨갱이들이 파괴한 자유민주주의 대한민국을 바로 세운다는 꿈을 만들어왔어요.

마침내 노년의 자리에 선 우리 인생은 참으로 짧은 것, 이제 곧 끝맺는 것, 그러나 우린 자유민주주의 대한민국을 자랑스러운 나라로 만들었고, 웃으면서 이 땅을 떠날 수 있을 테니 행복해요.

■ 참고문헌 ■

• 일반서

〈트럼프 대통령-T.RClub〉
〈트럼프 대통령에 대비하라-김창준 저〉 등과 국내외 언론 (인터넷)뉴욕타임스〉
〈거래의 기술(원제: the Art of Deal)〉
〈불구가 된 미국(원제: Crippled Amreica)〉
〈터프해져야 할 때: 미국을 다시 1위로 만들자(원제: Time to Great Tough:
 Making America first one Again)〉
〈Fox News〉
〈CNN News〉
〈파이낸셜타임스(FT)〉
〈USA Today〉
〈POLITICO〉
〈RASMUSSEN〉
〈월스트리트저널(WSJ)〉
〈New York Times〉
〈뉴욕 데일리 뉴스(New York Daily News)〉
〈조선일보〉
〈월간중앙〉
〈월간조선〉
〈뉴스타파〉
〈한겨레〉
〈The audacity of hope(담대한 희망)-버락 오바마 지음(홍수원 옮김. 2006-
 랜덤 하우스)〉
〈오바마 베스트 연설문(오바마 지음 김욱현 편저)-베이직북스〉
〈미국 정치의 분열과 통합미국정치연구회지음(2008)-오름)〉
〈펠로폰네소스 전쟁사. 투퀴디데스. 천병희〉